Antje Maurer

# Ich hör dich, Jesus!

## Wunder und Gleichnisse für Kinder

*Für* Lisa, Annika, Katharina, Elisa, Malena, Merle und Charlotte,
Clemens, Philipp, Tobias, Kristian, Julian, Malte, Lasse, Daniel
und Nicolas

Drei Dinge sind uns aus dem Paradies geblieben:
Sterne, Blumen und Kinder ...
(Dante Alighieri)


*Ich danke* Britta Müller-Diesing, Dipl. Designerin für visuelle
Kommunikation, für die Gestaltung der Bilder:

S. 12/13, Die Speisung der 5.000                 (Markus 6,30–44)
S. 40/41, Das Gleichnis vom großen Abendmahl     (Lukas 14,16–21)
S. 86/87, Der Fischzug des Petrus                (Lukas 15,1–11)

Im Original handelt es sich um eine Mischtechnik.

*Ich danke* Holger Sbrzesny für die Komposition der Lieder im Liedanhang
auf den Seiten 123-126.

Bibliografische Information Der Deutschen Bibliothek

Die Deutsche Bibliothek verzeichnet diese Publikation in der Deutschen Nationalbibliografie;
detaillierte bibliografische Daten sind im Internet über <http://dnb.ddb.de> abrufbar.

ISBN 3-525-61535-3

Grafische Gesamtkonzeption: Rudolf Stöbener, Göttingen
Satz: Weckner Fotosatz GmbH I media+print, Göttingen
Druck und Bindung: PROOST, International Book Production, Turnout, Belgium.

# Inhalt

# Zum Gebrauch dieses Buches

Jedem Wunder bzw. Gleichnis ist eine Doppelseite sowie eine Seite im Materialanhang gewidmet.

Auf der *linken Seite* der Doppelhälfte finden Sie:

Die Wunder- bzw. Gleichniserzählung (Abk.: Mt = Evangelium des Matthäus, Mk = Markus, Lk = Lukas, Joh = Johannes).

Auf der *rechten Seite* finden Sie:

I. Eine kurze Einführung in das Thema sowie den Bezug zur Gedankenwelt der Kinder.
II. Eine Anregung zur Einordnung des Textes im Jahreslauf.
III. Ideen zur Erarbeitung des Textes:
Miteinander beten
Miteinander reden (Ideen zur Gesprächsführung mit Impuls)
Miteinander kreativ sein
Miteinander feiern
Miteinander singen

Im *Materialanhang* finden Sie:

Gebete, Bastelanleitungen und Malvorlagen, die Sie auf dem Kopierer vergrößern müssen, sowie Vorschläge zum Feiern. Sie sind im Text mit „**M**" gekennzeichnet. Bitte planen Sie Vorbereitungszeit ein!

Im *Liederanhang* finden Sie:

Sechs Liedkompositionen von Holger Sbrzesny.

Auf den *beiden letzten Seiten* finden Sie:

Einen Vorschlag einer Ordnung zum Erleben von Wundern und Gleichnissen mit Kindern.

Verwendete *Liederbücher* und ihre Abkürzungen:

1. Liederbuch zum Umhängen. 100 der schönsten religiösen Kinderlieder, Menschenkinder Verlag, 7. Aufl., Münster 2001 (*LzU*).
2. Menschenskinderlieder. Ein Liederbuch zu den Kinderkirchentagen und darüber hinaus, Beratungsstelle für Gestaltung von Gottesdiensten und anderen Gottesdienstveranstaltungen, Eschersheimer Landstraße 565, 60431 Frankfurt, 17. Aufl. 1996 (*MKL*).
3. Das Kindergesangbuch, Claudius Verlag München, 5. Aufl. 2002 (*DKG*).

# Vorwort

Wunder und Gleichnisse für Kinder erschließen – einer ebenso lohnenden wie schwierigen Aufgabe stellt sich dieser Band. Denn viele Zeitgenossen reagieren heute auf entsprechende biblische Erzählungen mit Unverständnis. Sie halten nur das für möglich, was sich menschlicher Erkenntnis voll und ganz erschließt. Es kommt auf unser Wirklichkeitsverständnis an: Wird – wie dies heute meist geschieht – die Welt als geschlossenes System mit einer klaren naturgesetzlichen Ordnung gedacht? Oder sind wir aufgeschlossen für Signale, die eine Botschaft haben? Die biblische Sprache mit ihren Wundern und Gleichnissen weist über das Empirisch-Faktische hinaus. Kann der aufgeklärte Mensch seinen Horizont über die Grenze des Rational-Fassbaren hinaus erweitern? An der Antwort auf diese Frage entscheidet sich, ob wir die Botschaft der Bibel verstehen. Es ist eine Botschaft, die unserem Verständnis von Wirklichkeit so lange zuwider läuft, wie sich der Mensch als eindimensionales Wesen in einer eindimensionalen Welt begreift. Da ist dann für den christlichen Glauben kein Platz mehr.

Gleichnisse und Wunder sind Hoffnungsgeschichten. Sie zeigen, wie es bei Gott zugeht. Sie vertrösten nicht auf das, was in Zukunft sein wird, sondern bieten einen schon heute erfahrbaren Vorgeschmack auf das, was noch kommt. Die Gleichnisse beschreiben die Maßstäbe Gottes. Auch der heutige Mensch täte gut daran, sich daran auszurichten. Und die Wundererzählungen des Neuen Testamentes sagen nichts anderes aus, als dass Menschen durch die Begegnung mit Jesus verändert werden. Nichts muss bleiben, wie es ist. Alles kann sich ändern.

Das erschließt sich dem Glauben nicht ohne Schwierigkeiten. Das war schon zur Zeit Jesu so, wie das Markusevangelium berichtet: Ein Vater bringt seinen von einem stummen Geist besessenen Sohn zu Jesus. Jesus sagt zu ihm: „Alle Dinge sind möglich dem, der da glaubt." Da antwortet der Vater des Kindes: „Ich glaube; hilf meinem Unglauben" (Markus 9,23f.). Solche Hilfe ist auch heute nötig.

Antje Maurer gelingt der Übersetzungsprozess in die Welt der Kinder. Und was Kinder verstehen, macht gewiss auch Erwachsene nachdenklich und bietet ihnen einen vielleicht ungeahnten Zugang zum Glauben.

Rethmar bei Hannover, im März 2004                      Udo Hahn

# Wunder. Eine Einführung

Können wir an Heilungen, Totenerweckungen, Dämonenaustreibungen, an die Vermehrung von Brot und Fisch, den wundersamen Fischfang und Jesu Wandeln über das Wasser glauben? Können wir *ja* zu Geschehnissen sagen, die nach heutigen vernünftigen Gesichtspunkten nicht sein können? Die Wunder Jesu sind eine Herausforderung für unseren Glauben.

In diesem Buch werden fünf Typen von Wundererzählungen bearbeitet:

1. Heilungen (Die Heilung des Gelähmten; Die Tochter des Jairus; Die Heilung des Taubstummen; Die Heilung des blinden Bartimäus; Die Heilung des Knechts des Hauptmannes von Kapernaum; Der Jüngling zu Nain; Die zehn Aussätzigen).
2. Dämonenaustreibungen (Die Heilung des Besessenen in Gerasa).
3. Normenwunder (Die Heilung des Mannes am Sabbat, durch die Jesus das Gesetz [die Norm] der Sabbatruhe entschärft).
4. Rettungswunder (Jesus rettet den sinkenden Petrus).
5. Geschenkwunder (Die Speisung der 5000; Der Fischzug des Petrus; Die Hochzeit zu Kana).

*Heilungen, Dämonenaustreibungen und Normenwunder lassen sich in ihrem Kern auf den historischen Jesus zurückführen.* Diese Wunder werden von den Evangelisten, aber auch außerhalb der christlichen Überlieferung bezeugt. Jesus hat mit außergewöhnlicher Gabe Menschen geheilt, die nach dem Verständnis der damaligen Zeit krank bzw. von bösen Mächten besessen waren: Menschen mit körperlichen und seelischen Krankheiten verschiedenster Art und Schwere. Die Evangelisten machen deutlich, dass diese Heilungen Ausdruck des rettenden Willens Gottes sind, den Jesus selbst in seinem Wirken verkörpert. Mit seinen Wunderheilungen hat Jesus seine Zeitgenossen beeindruckt und irritiert.

*Rettungswunder und Geschenkwunder sind Dichtungen des Urchristentums. Sie setzen den Glauben an den göttlichen Charakter Jesu voraus, der erst nach Ostern möglich war.* Sicherlich sind auch in diese Wunder Erinnerungen an den historischen Jesus eingeflochten (gemeinsame Bootsfahrten, gemeinsame Mahlzeiten). Doch vor allen Dingen sollten sie seine Göttlichkeit veranschaulichen: Nur ein göttliches Wesen, wie der Auferstandene, konnte übermenschliche Fähigkeiten haben, z.B. einen Sturm stillen, 5000 Menschen speisen und Wasser in Wein verwandeln.

Die Evangelisten haben die schriftliche und mündliche Überlieferung der Wunder Jesu jeweils unter eigenen theologischen Aspekten zusammengestellt und bearbeitet.

# Gleichnisse. Eine Einführung

Mit Bildern aus dem Bereich der palästinischen Landbevölkerung erzählen die Gleichnisse, was es mit dem Reich Gottes auf sich hat. Sie erzählen von Gott, von dem das alte Israel bekennt: „Höre Israel, der Herr ist unser Gott, der Herr allein. Und du sollst den Herrn, deinen Gott, lieb haben von ganzem Herzen, von ganzer Seele und mit all deiner Kraft."(5 Mose, 6,4f.). Es ist Gott, der diese Welt mit allem, was darin lebt, geschaffen hat. Es ist Gott, der seinen Weg durch die wechselseitige Geschichte mit seinem Volk gegangen ist und der sein Reich nicht erst in der Zukunft aufrichtet, sondern damit schon begonnen hat. Gott hat viel für sein Volk getan und wartet auf dessen Antwort. In den Gleichnissen erfahren wir, wie diese Antwort auszusehen hat. Sie erklären, welche Verhaltens- und Denkweisen Gott von den Menschen fordert. *Sie erzählen von Gottes Anspruch – und seinem Zuspruch – in ihrem Leben.*

Es sind einfache Menschen, die diese Worte hören: Menschen, die mit ihren Händen ihr Brot verdienen und in den kleinen und großen Sorgen des Alltags gefangen sind. Wie sollen sie das schwierige Reden von Gott verstehen? Sie verstehen es im *Vergleich mit Bildern oder Situationen aus ihrem Alltag.* Und so erzählen die Gleichnisse vom klugen Hausbau und von wachsamen Hausherren; vom gärenden Brotteig; von vergrabenen Schätzen und von Perlen, die beim Fischen gefunden wurden; von klugen und dummen Jungfrauen; von anvertrauten Talenten; verlorenen Menschen, Tieren und Geld; vom barmherzigen Samaritaner; vom Schätze sammelnden Kornbauern und der bittenden Witwe; vom unliebsamen Zöllner und den Pharisäern. *Die Gleichnisse sprechen die Sprache ihrer Zuhörer. Sie drücken das Schwierige leicht aus.*

*Die Gleichnisse Jesu gelten nach allgemeiner Auffassung als echte Jesusüberlieferung.* In der Form, in der sie uns heute vorliegen, haben sie eine lange Geschichte hinter sich: Zunächst haben sie in der Urkirche (d.h. der Christenheit der ersten Jahrzehnte) als mündliche Überlieferung „gelebt". Sie sind von ihr unter sachlichen Gesichtspunkten zusammengestellt, gelegentlich umgestaltet und erweitert, gepredigt und gelehrt worden. Die Evangelisten Matthäus, Markus und Lukas haben dann die Gleichnisse schriftlich festgehalten. Auch heute noch gehören sie als „Meisterwerk der Dichtung Jesu" zum Grundbestand unserer christlichen Verkündigung. Sie laden uns ein, eigene Verhaltens-, Glaubens- und Denkstrukturen aufmerksam zu hinterfragen.

Die Wunder

# Mt 14, 22–33

*Jesus wandelt auf dem See und rettet den sinkenden Petrus*

Seid ihr schon einmal nachts mit einem Boot auf einem See oder dem Meer unterwegs gewesen? Davon möchte ich euch heute erzählen. Petrus ist mein Name und mein Beruf: Jünger Jesu. Ein seltsamer Beruf, meint ihr? Da habt ihr Recht. Aber Jesus hat gesagt: „Wer mein Freund sein möchte, wer mit mir durch das Land gehen und von Gott erzählen möchte, der muss seinen Beruf aufgeben und seine Familie verlassen." Das habe ich getan und nun bin ich ein Jünger von Jesus.

Einmal waren wir am See Genezareth. Jesus hat dort gepredigt. Am Abend sagte er zu uns Jüngern: „Setzt euch ins Boot und fahrt auf die andere Seite des Sees! Ich will in Ruhe zu meinem Vater beten und komme dann nach." Wir sind also losgefahren. Es wurde bald dunkel. Einige von uns legten sich schlafen, andere hielten Nachtwache. Ein starker Wind kam auf und wurde immer stärker. Bald hatten wir Sturm. Die Wellen schlugen ins Boot. Wir hatten entsetzliche Angst, unterzugehen, denn wir waren doch viele hundert Meter vom Ufer entfernt.

Hattet ihr schon mal so richtig Angst? Ich hatte jedenfalls Todesangst! „Ein Gespenst, ein Gespenst!", schrie plötzlich Andreas und zeigte in das aufgewühlte Wasser. Ein Gespenst? *Kein* Gespenst! Es war Jesus! Er ging zu uns über das Wasser. Gott sei Dank! Er kam, um uns zu helfen! „Habt keine Angst, ich bin es, fürchtet euch nicht!", rief er uns zu. Ich konnte es nicht glauben! „Wenn du es wirklich bist, Jesus, dann sage mir, dass ich zu dir über das Wasser kommen soll!" Und Jesus rief mir zu: „Komm!" Also bin ich aus dem Boot geklettert. Es ist ein seltsames Gefühl, auf dem Wasser zu gehen, das kann ich euch sagen! „Ich kann gar nicht auf dem Wasser gehen!", schrie ich und hatte plötzlich wieder schreckliche Angst. Schon begann ich, unterzugehen. Meine Schritte traten durch das Wasser hindurch, es reichte mir schon bis zum Kinn. „Hilfe, ich gehe unter!", schrie ich. „Hilfe, Jesus, rette mich!" Und sofort war Jesus bei mir. Er griff nach meiner Hand und hielt mich fest. „Warum hast du nicht geglaubt, dass du zu mir über das Wasser gehen kannst?", fragte er mich. Ich weiß es bis heute nicht. Wir kletterten ins Boot. Der Sturm legte sich. Wir waren gerettet. Ich war gerettet. Das hatte Jesus getan. Er war wirklich Gottes Sohn!

# I. Thema

Diese Erzählung ist ein Lehrstück über den Glauben. An der Person des Petrus sehen wir, dass der Glaube im Alltag gefährdet ist und immer wieder neu eingeübt und gelebt werden muss. Wer bei seinem Gang über die Wellen des Lebens Gott vertraut, der muss sich nicht fürchten. Den Glauben zu wagen und daraus Kraft für das Leben zu entwickeln, dazu ermutigt diese Erzählung.

# II. Einordnung im Jahreslauf

Der 17. Sonntag nach Trinitatis ist dem glaubenden Mensch gewidmet.

# III. Erarbeiten

*Miteinander beten* (**M1** und **M2**)

*Miteinander reden*

Impuls            In einer Wasserschüssel schwimmt ein (Papier-) Boot.
                  Die Kinder pusten einen Sturm. Wie lange hält das Boot
                  stand?

                  *– Erzählung –*

Gespräch          Die Kinder von eigenen Erlebnissen zum Thema Wasser und
                  Sturm erzählen lassen.
                  Vor wem/was haben sie Angst? Wer/was hat ihnen gegen die
                  Angst geholfen?
                  Mit den Kindern erarbeiten, dass Petrus keine Angst hätte
                  haben müssen, wenn er Jesus vertraut hätte.
                  Den Kindern Mut machen, sich mit ihrer Angst nicht nur
                  Menschen, sondern auch Gott (im Gebet) anzuvertrauen.

Schlusswort       Gott ist immer bei uns. Wenn wir Angst haben, dürfen wir es
                  ihm sagen und ihn bitten, dass er uns hilft.

*Miteinander kreativ sein*

Angst-Wellen malen (**M3**)

*Miteinander feiern*

Spiel gegen die Angst (**M4**)

*Miteinander singen*

Angst – Mut (Liedanhang, S. 126)/Fürchte dich nicht (LzU 25)

# MK 2,1–12

*Die Heilung des Gelähmten*

Ich kann wieder gehen. Ich bin wieder fröhlich. Ich, Baruch, bin wieder ein glücklicher Mensch.

Das war nicht immer so. Ich hatte mich mit Schmohel, meinem besten Freund, furchtbar gestritten. Ich wollte unbedingt Recht behalten. Irgendwann habe ich zugeschlagen. Es gab ein schreckliches Geräusch und Schmohels Nase war gebrochen. Das Blut lief sein Gesicht hinunter. Ich war furchtbar erschrocken. Was hatte ich nur gemacht? Geschämt habe ich mich. Zum Glück hat Schmohel mir verziehen. Aber mein anderer Freund, was würde der von mir halten? Ich meine Gott. Ich weiß ja, dass es falsch ist, andere zu quälen und zu ärgern. Es war falsch, dass ich Schmohel verletzt habe. Ich weiß es. Gott würde mir das sicher heimzahlen. *Wie du mir, so ich dir* – So habe ich von Gott gedacht. Da habe ich Angst bekommen. Wenn Gott mich verlässt, bin ich verloren! Vor Schreck war ich wie gelähmt. Ich kam gar nicht mehr auf die Beine. Nicht nur mein Herz war krank, auch mein Körper. Fast ein ganzes Jahr konnte ich mich nicht mehr bewegen!

Doch eines Tages kamen vier von meinen Freunden zu mir hereingestürzt, Schmohel war auch dabei. „Jesus ist im Dorf, er redet in Simons Haus. Wir bringen dich zu ihm. Er wird dir helfen!" Sie packten meine Matte und gingen los. Alles war voller Menschen. Wie sollten wir durch diese Menschenmenge zu Jesus kommen? Da stiegen meine Freunde die Treppe zur Dachterrasse hinauf. Die Dächer in unserem Dorf sind flach, müsst ihr wissen, und weich: Zwischen starken Holzbalken sind Heu und Zweige eingeflochten. Meine Freunde haben ein Loch in das Dach gebohrt und mich an Schnüren hinunter gelassen, direkt vor die Füße von Jesus. Da lag ich nun. Jesus sah mich an. Er sah direkt in mein Herz. Er sah meine Angst, dass Gott mich verlassen haben könnte. Und er sagte zu mir: „Mein Sohn, deine Sünden sind dir vergeben!"
    Was für eine Befreiung! Ich merkte, wie ich wieder Mut und Kraft zum Leben bekam. Die Menschen um mich herum beschwerten sich zwar: „Nur Gott kann Sünden vergeben!" Aber Jesus sagte, er sei Gottes Sohn und er dürfe das auch. Und dann sagte er zu mir: „Steh auf, nimm deine Schlafmatte und geh nach Hause!" Sogleich wurden meine Beine stark. Ich stand auf und ging mit meinen Freunden nach Hause.

Ich bin wieder ein glücklicher Mensch. Mein Herz ist gesund und mein Körper ist wieder heil. Das hat Jesus getan. Gelobt sei Jesus!

## I. Thema

Seelische Erkrankungen können körperliche Erkrankungen nach sich ziehen. Menschen können krank werden, weil Beziehungen zu anderen Menschen und/oder Gott nicht in Ordnung sind. Schuld lähmt. Vergebung befreit. Schuld und Vergebung erleben auch Kinder in ihrem Alltag.

## II. Einordnung im Jahreslauf

Am Buß- und Bettag

## III. Erarbeiten

*Miteinander beten* (**M1** und **M2**)

*Miteinander reden*

Impuls    Eine Isomatte oder Strandmatte liegt in der Mitte.

Gespräch  Kinder erzählen lassen, wofür die Matte gebraucht wird.
          Ihnen sagen, dass die Menschen zur Zeit Jesu Schlafmatten
          hatten, die am Morgen zusammengerollt wurden.

          *– Erzählung –*

          Mit den Kindern erarbeiten, warum der Mann gelähmt war.
          Waren sie auch schon einmal so traurig, dass sie „zu nichts
          mehr Lust" hatten? Was haben sie schon einmal falsch
          gemacht und welche Folgen hatte das für sie oder andere?
          Was bedeutet dann Vergebung?
          Ihnen sagen, dass wir mit dem, was wir falsch gemacht haben,
          zu Gott kommen und um Vergebung bitten dürfen.

Schlusswort Gott sieht in unser Herz. Er sieht, wenn wir traurig sind.
          Er verzeiht uns, wenn wir etwas falsch gemacht haben.

*Miteinander kreativ sein*

Die Schlafmatte des Gelähmten flechten (**M3**)

*Miteinander feiern*

Ein Vergebungsfest feiern (**M4**)

*Miteinander singen*

Wunder, 3.Str. (Liedanhang, S. 123)

17

# MK 3, 1–6

## Die Heilung eines Mannes am Sabbat

Jitzak erzählt: Ich bin Handwerker, ich baue Häuser. Ich baue *jetzt wieder* Häuser. Eine ganze Zeit lang konnte ich das nicht. Denn meine rechte Hand war steif geworden. Ich konnte nicht mehr zupacken. Deshalb habe ich meine Arbeit verloren und verdiente kein Geld mehr. Ich wurde zum Bettler und habe immer in der Synagoge, unserer Kirche, gesessen. Könnt ihr euch vorstellen, was für ein schreckliches Leben es ist, wenn man betteln muss? Und wisst ihr auch, wer mich gesund gemacht hat? *Jesus*!

An einem Sabbat kam Jesus in die Synagoge um zu beten.

Bei euch gibt es den *Sonntag* zum Ausruhen und um Gottesdienst zu feiern. Bei uns Juden gibt es den *Samstag* und der heißt *Sabbat*. „Du sollst den Sabbat feiern!", heißt es in der Bibel. Und damit das auch wirklich gelingt, haben wir noch eine Menge Vorschriften, die wir einhalten müssen. Wir dürfen nicht mehr als 500 Meter gehen. Wir dürfen keine schweren Sachen tragen und nicht kochen. Wir dürfen kein Wasser aus den Brunnen schöpfen. Wenn eine Kuh am Sabbat ein Kälbchen zur Welt bringt, dürfen wir nicht helfen. Wir dürfen auch keinem Menschen helfen – es sei denn, er ist wirklich todkrank. Wir dürfen fast nichts tun und das ist gar nicht lustig. Wenn Gott auf die Erde zu uns hinunter schaut, sieht er zwar viele Menschen, die den Sabbat halten. Er sieht aber auch viele Menschen, die nicht fröhlich sind. Ob Gott das so will?

Also, eigentlich wollte ich euch ja etwas Schönes erzählen: An diesem Sabbat kam Jesus in die Synagoge. Er sah dort einige Pharisäer sitzen. Das sind fromme Menschen, die alle unsere Gesetze einhalten und sich große Mühe geben, Gott alles recht zu machen. Und Jesus sah auch mich mit meiner gelähmten Hand und sagte: „Stell dich mal hier in die Mitte!" Also stand ich auf. „Ist es erlaubt, am Sabbat Gutes zu tun?", fragte er die Pharisäer. „Darf man am Sabbat das Leben von Menschen retten?" Sie antworteten nicht. „Strecke deine Hand aus!", sagte Jesus zu mir. Da habe ich meine Hand in seine Hand gelegt. Als ich sie wieder zurückzog, spürte ich auf einmal so ein Kribbeln! Ich fühlte, wie Leben in meine Hand kam. Ich spürte meine Finger und konnte meine Hand wieder bewegen.

Ich war überglücklich: Jesus hat nicht nur meine Hand geheilt! Er hat mein Leben gerettet!

Die Pharisäer aber schauten böse und gingen schnell weg. Was haben sie wohl gedacht?

## I. Thema

Der jüdische Ruhetag Sabbat ist heilig und darf nicht durch Geschäfte und Arbeit entweiht werden. Das versteht sich auch für Jesus von selbst. Aber: Der Sabbat ist für den Menschen gemacht. Nicht das jüdische Gesetz ist an diesem Tag das Wichtigste, sondern das Wohl des Menschen. – Welche Erfahrungen machen Kinder mit dem christlichen Ruhetag Sonntag?

## II. Einordnung im Jahreslauf

Am jüdischen Feiertag Sabbat oder dem christlichen Feiertag Sonntag

## III. Erarbeiten

*Miteinander beten* (**M1** und **M2**)

*Miteinander reden*

| | |
|---|---|
| Impuls | Frische Brötchen liegen in der Mitte: „Das Schönste am Sonntag ist für mich das Frühstück mit frischen Brötchen!" |
| Gespräch | Die Kinder erzählen lassen, was für sie das Schönste am Sonntag ist und wie sie ihn verbringen. Was unterscheidet diesen Tag von den Werktagen? |

*– Erzählung –*

Mit den Kindern erarbeiten, welchen Fehler Jesus in den Augen der Pharisäer gemacht hat. Warum hat er Jitzak gesund gemacht? Mit den Kindern überlegen, wie sie einen Sonntag mit Blick auf das dritte Gebot gestalten können.

Schlusswort   Gott schenkt uns den Sonntag zur Freude. Wir dürfen an ihm ausruhen und schöne Dinge tun. Wir dürfen auch Gottesdienst feiern und Gott danken.

*Miteinander kreativ sein*

Einladungskarten für eine sonntägliche Unternehmung entwerfen (**M3**)

*Miteinander feiern*

Sonntagsspiele (**M4**)

*Miteinander singen*

Du hast uns, Herr, gerufen (MKL 8)

# MK 5,1–22

## *Die Heilung des Besessenen in Gerasa*

Im Land von Gerasa, am östlichen Ufer des Sees Genezareth, züchte ich, Tiberius, Schweine. Früher besaß ich 2000 Stück. Früher, denn die ganze Herde ist über die Klippen zum Seeufer abgestürzt. Wie das gekommen ist? Das ist eine sehr ärgerliche und seltsame Geschichte.

Jesus kam eines Tages in unsere Gegend und lernte Felix kennen. Wir haben Felix den „Untoten" genannt. Denn er hauste vor dem Dorf in den Höhlen, wo wir unsere Toten begraben. Niemand wollte ihm deshalb nahe kommen. „Er ist verrückt", haben wir immer gesagt, denn er schrie und tobte auch nachts. Er schmiss mit Steinen nach uns und schlug sogar sich selber mit Steinen! Er war vom Bösen besessen. Ein schrecklicher Mensch! Eines Tages also kam Jesus und sah Felix mit den Hand- und Fußfesseln, die wir ihm angelegt und die er wieder zerrissen hatte. Ich war in der Nähe mit meinen Schweinen und hörte Jesus reden: „Alles, was Felix quält und krank macht, alles Böse soll von ihm weichen! Alles, was ihn verzweifeln und schreien lässt, soll von ihm weggehen!", rief er. „Hau ab, Jesus, Sohn Gottes!", schrie Felix. „Lass mich in Frieden!" Er wusste genau, wer Jesus war, das hat mich sehr erstaunt. Als Jesus ihn nach seinem Namen fragte, habe ich mich wieder gewundert. Er sagte nicht: „Ich heiße Felix." Er sagte: „Ich heiße Legion." Das bedeutet doch: „Tausende". Ein seltsamer Name! Meinte Felix, dass Tausende von verschiedenen Krankheiten und bösen Mächten in ihm wohnten? Ich hatte keine Zeit, darüber nachzudenken, denn plötzlich wurden meine Schweine unruhig. Sie begannen zu quieken. Und plötzlich rannten sie auf das Seeufer zu und stürzten sich wie verrückt den steilen Abhang hinunter. Ich traute meinen Augen nicht! Ich bin sofort ins Dorf gerannt, um den anderen davon zu erzählen. Alle Dorfbewohner kamen zum Seeufer und sahen sich die Bescherung an. Und Felix? Felix saß ganz ruhig da und redete mit Jesus. Er war geheilt! Waren seine Krankheit und das Böse, das ihn umhergetrieben hatte, etwa in meine Schweine gefahren?

Ich war außer mir vor Zorn. Wir haben Jesus befohlen, unser Land zu verlassen. Felix wollte mit ihm gehen, aber das hat Jesus nicht erlaubt. „Geh zurück zu deiner Familie und erzähle allen, was dir passiert ist!", hat er zu ihm gesagt. Jetzt sind alle weg: Felix, Jesus – und meine Schweine. Nichts als Ärger hat man!

## I. Thema

Böses Verhalten behindert uns, ein Leben in Gemeinschaft zu führen. Jesus erweist sich als Herr über das, was den Menschen böse sein lässt, und befreit zu einem Leben in menschlicher und göttlicher Gemeinschaft. Was bedeutet für die Kinder, „böse" zu sein? Wer oder was befreit sie?

## II. Einordnung im Jahreslauf

Zu allen Zeiten, besonders am Buß- und Bettag

## III. Erarbeiten

*Miteinander beten* (**M1** und **M2**)

*Miteinander reden*

Impuls      Ein großer Stein liegt in der Mitte. Hochheben lassen

               *– Erzählung –*

Gespräch     Den Kindern sagen, dass der Stein Zeichen für das Böse ist, das Menschen denken, reden und tun, d.h. für das, was das Leben schwer macht.
Mit den Kindern erarbeiten, was es bedeuten kann, „böse" zu sein und wen oder was sie als „böse" erleben. Welche Folgen hat „böses" Verhalten auf das Miteinander in Familie, Freundeskreis, Kindergarten, Schule und wie fühlen sie sich dabei? Wer oder was hilft ihnen, wieder „gut" zu sein und sich mit anderen zu vertragen?
Mit ihnen erarbeiten, dass Gott helfen kann, „böses" Verhalten zu überwinden. Diese Hilfe und zugleich den Wunsch nach Vergebung durch Gott erbitten wir im Gebet.

Schlusswort   Gott kann uns helfen, den Stein von unserem Herzen zu nehmen. Wir dürfen ihn im Gebet darum bitten.

*Miteinander kreativ sein*

Ausmalbild Schwein (**M3**)

*Miteinander feiern*

Felix feiert seine Befreiung (**M4**)

*Miteinander singen*

Mein Gott, das muss anders werden (MKL 24)

# Mk 5,21-24;35-43

Jairus heiße ich. Ich bin Vorsteher in der Synagoge. Ich bin verheiratet und habe eine zwölfjährige Tochter. Vor einigen Wochen gab es bei uns ein großes Unglück. Eines Abends, wir saßen gerade beim Essen, klagte unsere Tochter, dass sie sich nicht wohlfühle. Der Kopf und der Bauch täten ihr weh. Dann legte sie sich zu Bett. Ihr Kopf war ganz heiß. Sie begann, Unsinn zu reden. Ihr Atem wurde immer langsamer. Meine Frau und ich bekamen schreckliche Angst, denn wir wussten nicht, wie wir ihr helfen konnten. Da bin ich, so schnell ich konnte, zum See gelaufen. Denn dort war Jesus. Eine große Menschenmenge hatte sich versammelt, um ihm zuzuhören.

„Jesus!", rief ich schon von weitem. „Bitte komm schnell in mein Haus! Meine Tochter ist schwer krank. Lege ihr die Hände auf, damit sie gesund wird!"

Jesus kam tatsächlich mit. Aber es waren so viele Menschen um ihn herum und alle wollten etwas von ihm! Er blieb immer wieder stehen, um mit ihnen zu sprechen. Wir kamen und kamen nicht voran. Ich bin fast verrückt geworden. Da sah ich einige aus meiner Familie kommen, die am Bett meiner Tochter gewacht hatten. Sie sagten zu mir. „Deine Tochter ist gerade gestorben. Du musst Jesus nicht mehr bedrängen. Er muss nicht mehr kommen. Es ist vorbei!" Vorbei? Ich traute meinen Ohren nicht. Nein, das konnte nicht sein, ich wollte es nicht glauben.

Ich schaute Jesus verzweifelt an. Und Jesus sah mich. Er sagte zu mir: „Fürchte dich nicht, Jairus, glaube mir!" Er ging mit mir und einigen seiner Jünger in mein Haus. Da stand meine Frau und weinte. Und viele Freunde weinten auch. „Warum weint ihr?", fragte Jesus. „Das Mädchen ist nicht gestorben, es schläft nur." Da lachte meine Frau Jesus aus. Es war ein verzweifeltes Lachen. „Kommt mit mir!", sagte Jesus zu meiner Frau und zu mir. Wir gingen in das Zimmer, in dem unser Mädchen lag. Sie sah so blass aus! Schlief sie wirklich nur? Jesus fasste sie bei der Hand und sagte: „Mädchen, steh auf!" Da schlug sie die Augen auf und stand aus dem Bett auf. Was für ein Schreck! Doch dann: Welche Freude! Es war nicht vorbei! Sie lebte! Allen, die uns begegnet sind, haben wir es erzählt: „Jesus hat unsere Tochter wieder lebendig gemacht. Er ist groß!"

## I. Thema

Nach jüdischer Auffassung schläft ein Toter den Todesschlaf bis zur Auferweckung durch Gott am „jüngsten Tag". Jesus macht deutlich, dass dieses heilsame Handeln Gottes schon in die Gegenwart hinein reicht. Der Tod hat keine Macht mehr. Für den, der Gott vertraut, gilt: „Fürchte dich nicht, glaube mir!" Welche Erfahrungen Kinder mit Tod und Sterben im Horizont christlicher Hoffnung haben, soll hier erarbeitet werden.

## II. Einordnung im Jahreslauf

Besonders am Ewigkeitssonntag (letzter Sonntag im Kirchenjahr)

## III. Erarbeiten

*Miteinander beten* (**M1** und **M2**)

*Miteinander reden*

| | |
|---|---|
| Impuls | Ein „tränennasses" Taschentuch liegt in der Mitte. |
| Gespräch | Die Kinder erzählen lassen, warum/wann sie weinen. Wer tröstet sie? |

*– Erzählung –*

Die Kinder von ihren Erfahrungen erzählen lassen: Haben sie erlebt, dass jemand im Familien-/Freundeskreis oder ein Haustier gestorben ist? Waren sie schon einmal bei einer Beerdigung? Wer hat sie getröstet?
Mit ihnen überlegen, ob auch heute noch Menschen lebendig gemacht werden können. Von der Medizin erzählen, die vieles möglich macht, aber nicht in allen Fällen Menschen kurz vor dem Tod ins Leben zurückholen kann.
Den Kindern zusagen, dass wir daran glauben dürfen, dass wir nach unserem Tod bei Gott wohnen werden.

Schlusswort  Gott sagt uns: „Fürchte dich nicht, glaube mir!" Wir brauchen keine Angst mehr zu haben.

*Miteinander kreativ sein*

Aus Jairus Tränen-Taschentuch wird ein Freudentuch! (**M3**)

*Miteinander feiern*

Hüpfspiel „Tod und Leben" (**M4**)

*Miteinander singen*

Wo sind die Toten (DKG 83)

23

### Die Speisung der 5 000

Sara erzählt: Neulich kam meine Freundin zu mir und rief: „Komm mit, Jesus und seine Jüngern sind vor dem Dorf. Ich will hören, was Jesus zu sagen hat. Bestimmt erzählt er wieder von Gott. Das lasse ich mir nicht entgehen!" Ja, ich wollte Jesus auch hören. Deshalb habe ich mir schnell mein warmes Wolltuch gegriffen.

Es war Frühling bei uns und auf den grünen Hügeln oberhalb des Sees blühten herrliche Anemonen. Die Luft war klar, aber abends würde es kühl werden.

Ich kann kaum beschreiben, wie beeindruckend die folgenden Stunden mit Jesus waren. Menschenmassen drängten sich am Fuß des Hügels und hörten auf seine Worte. Mehr als 5 000 Menschen müssen es gewesen sein.

Auf einmal fröstelte ich. Der Abend kam, es wurde feucht und ein frischer Wind kam auf. Ich hatte die Zeit vergessen. Ich wickelte mich in mein Tuch. Hunger bekam ich auch. Aber jetzt nach Hause gehen? Nein, das kam für mich nicht in Frage. Da kam einer von Jesu Freunden vorbei. „Hat jemand vielleicht ein Stück Brot oder einen Fisch?", fragte er. Einige gaben ihm etwas. Später sagte man mir, dass es fünf Brote und zwei getrocknete Fische gewesen seien. Um mich herum begannen Kinder, vor Hunger zu quengeln und zu schreien.

Da gingen die Jünger plötzlich mit großen Körben herum und teilten Essen aus: Brote und Fische in Hülle und Fülle. Jeder konnte nehmen und essen und alle wurden satt. Als die Reste eingesammelt wurden, waren es immerhin noch zwölf Körbe voll. Wo kam das ganze Essen her? Hatten einige Menschen so viel Proviant dabei, dass es für alle reichte? Oder hatte *Jesus* das getan? Mich hat er jedenfalls zweimal satt gemacht: Mit dem, was er gesagt hat, hat er mein Herz satt gemacht und mit dem Brot und dem Fisch hat er meinen Bauch satt gemacht. Doppelt hält besser!

Malte, 3 Jahre

## I. Thema

Fünf Brote und zwei Fische sind sieben Teile. Beim Volk Israel galt die Sieben als heilige Zahl und war Symbol Gottes. Die Zwölf war ebenfalls heilige Zahl und stand für die göttliche Fülle. So werden wir von Markus daran erinnert, dass der Mensch nicht allein vom Brot, sondern auch vom Wort Gottes lebt, das ihm Wegweisung und Trost sein will.

## II. Einordnung im Jahreslauf

In der Fastenzeit, am Erntedankfest

## III. Erarbeiten

*Miteinander beten* (**M1** und **M2**)

*Miteinander reden*

Impuls       Ein Wolltuch liegt in der Mitte. Fühlen und tragen lassen.

*– Erzählung –*

Gespräch     Die Kinder erzählen lassen: Was essen und trinken sie am liebsten, was macht sie satt? Mit ihnen erarbeiten, welche nicht essbaren Dinge für sie wichtig, d.h. *Lebensmittel* sind: Kleidung, Spielzeug und vor allem Menschen mit ihrer Liebe, Hilfe und Trost. Die Kinder erzählen lassen, welche Menschen ihnen wichtig sind.
Ihnen sagen, dass auch Gott mit seinem Wort, das in der Bibel aufgeschrieben steht, *Lebensmittel* für uns sein will. (Schöpfung; Psalm 23!). Ein gutes Bibelwort macht das Herz satt und lässt uns die Nähe Gottes spüren!

Schlusswort    Wir brauchen Brot zum Leben. Wir brauchen auch Gott mit seinem guten Wort.

*Miteinander kreativ sein*

Klebebild: Das macht mich satt (**M3**)

*Miteinander feiern*

Singen und Spielen des Liedes: „Fünf Brote und zwei Fische" (s.u.) (**M4**)

*Miteinander singen*

Fünf Brote und zwei Fische (LzU 24, 1. Str.)

### Die Heilung des Taubstummen

Ja, ihr habt Recht! Mit Spucke kann man eine Menge machen. Nicht nur Weitspucken üben oder sogar andere Leute anspucken, so wie ich es mal getan habe, als mich einer sehr geärgert hat. Ich, Alexander, habe selber erlebt, dass man mit Spucke auch gesund machen kann.

Ich wohne in der Nähe vom See Genezareth. Von den Juden auf der anderen Seite des Sees weiß ich, dass sie nur *einen* Gott verehren. Wir aber hier im Zehnstädteland, so heißt die Gegend, in der ich wohne, kennen viele Götter. „Heiden" werden wir deshalb von den Juden genannt. Im Augenblick bin ich mir aber nicht so sicher, ob ich wirklich so viele Götter brauche. Ich habe nämlich von diesem Gott der Juden Wunderbares gehört und gesehen!

Könnt ihr euch vorstellen, wie schlimm es ist, nicht hören und nicht reden zu können? Wir hatten so einen armen Menschen im Dorf. Itzik konnte nicht hören. Itzik konnte nicht reden. Er war taubstumm. Wir mussten ihm mit den Händen zeigen, was wir von ihm wollten und er musste von unseren Lippen ablesen. Da haben die Götter im Himmel tatsächlich vergessen, ihn mit allem zu schaffen, was er zum Leben braucht!

Aber dann kam dieser eine Tag, an dem dieser Wanderprediger Jesus mit einer Schar von Männern in unser Dorf kam und redete. Er erzählte vom Gott Israels und dass *er* die Welt in sechs Tagen erschaffen habe. Und nach jedem Schöpfungstag habe Gott gesagt: „Seht, wie gut alles gemacht ist!"

Jesus hat Itzik unter den Zuhörern sitzen sehen. Er ist zu ihm hingegangen und hat ihn beiseite genommen. Ich konnte sehen, wie er ihm die Finger in die tauben Ohren gesteckt hat und wie er mit Spucke die stumme Zunge angefeuchtet hat. „Du sollst wieder offene Ohren und einen offenen Mund haben!", sagte er zu ihm, „du sollst wieder hören und reden können! Geh wieder zurück zu den anderen!" Jetzt waren *wir* sprachlos! Doch dann haben wir angefangen zu jubeln: „Seht her, wie gut er alles gemacht hat: Der stumm war, kann nun reden. Der taub war, kann nun hören. Das hat Jesus gemacht. Gott hat ihm die Kraft dazu gegeben. Gelobt sei der Gott Israels!"

# I. Thema

Jesus zeigt seine Kraft unter den Heiden und setzt Gottes gute Schöpfung fort. Indem er den Taubstummen wieder hören und reden lässt, befähigt er ihn zu einem Leben in menschlicher Gemeinschaft, zum Hören der göttlichen Botschaft und zu ihrem Bezeugen in der Welt. Was Hören und Sehen für Kinder bedeutet, soll hier erarbeitet werden.

# II. Einordnung im Jahreslauf

Zu allen Zeiten

# III. Erarbeiten

*Miteinander beten* (**M1** und **M2**)

*Miteinander reden*

| | |
|---|---|
| Impuls | Die Kinder ihren Speichel entdecken lassen: Wie fühlt er sich an, wie schmeckt er, wozu braucht man Speichel? |
| Gespräch | Ihnen erzählen, dass der Speichel zur Zeit Jesu als Heilmittel bei Augenkrankheiten angewendet wurde. |

*– Erzählung –*

Kinder erzählen lassen: Was und wen können sie hören (in Räumen, in der Natur, auf der Straße …)? Was wäre, wenn sie nicht hören/nicht reden könnten? Mit ihnen erarbeiten, dass Hören und Reden Schöpfungsgaben Gottes für sie sind. – Mit ihnen erarbeiten, wie sich ihr Dank dafür ausdrücken könnte: 1. Anderen von Gott erzählen und ihn loben 2. Achtsam mit sich und anderen umgehen, d.h. auf den anderen hören, ihn ganz wahrnehmen.

Schlusswort    Gott schenkt uns Ohren, die hören, und einen Mund, der spricht. Wir sagen ihm danke dafür.

*Miteinander kreativ sein*

Dias bemalen. Alternativ: Anhänger Ohr/Mund (**M3**)

*Miteinander feiern*

Der Taubstummen-Kongress (**M4**)

*Miteinander singen*

Wunder, 2. Str. (Liedanhang, S. 123)
Gib uns Ohren, die hören (DKG 195)

# MK 10,46–52

## Die Heilung des blinden Bartimäus

Mein Name ist Bartimäus. Ich bin der Sohn des Timäus und wohne in Jericho. Ich bin blind. Wisst ihr, was das bedeutet? Nein, das könnt ihr euch nicht vorstellen. Sich mal aus Spaß die Augen verbinden und im Dunkeln etwas suchen, das ist lustig – aber immer? Nein, das ist nicht lustig, das ist entsetzlich! Wer nicht sehen kann, kann nicht arbeiten. Wer nicht arbeiten kann, verdient kein Geld. Wer kein Geld verdient, ist arm. Wer arm ist und keine Familie hat, die für einen sorgt, der wird zum Bettler. So geht es mir. Manchmal denke ich, ich wäre besser tot! Die Menschen geben mir Almosen, ein bisschen Geld, etwas zu essen und zu trinken. Dafür muss ich meinen Mund halten. „Wir haben dir etwas gegeben, nun lass uns in Ruhe!", sagen sie mir, wenn ich zu laut um Hilfe schreie. Jahrelang schon habe ich gewinselt und gejammert. Was hat das Leben schon für einen Sinn!

Von Jesus habe ich natürlich auch gehört: Ich höre, er könne Kranke gesund machen und böse Geister vertreiben. Einige sagen, er sei aus der Familie des Königs David und werde bald König sein in unserem Land. Er werde als König der Juden besonders für die Armen und Kranken sorgen. So erzählen sie. Manche haben ihn sogar schon gesehen. Ich werde Jesus nie sehen können …

…Was ist da nur für ein Lärm? Ich höre Menschenstimmen, viele Menschenstimmen. Und immer wieder fällt der Name Jesus. Ist Jesus in der Nähe? Wenn ich nur sehen könnte! Dann könnte ich mitlaufen und mit Jesus sprechen. Aber ich falle doch nur hin. Die Stimmen werden lauter. Ich versuche es mit Rufen: „Jesus, du Sohn Davids, bitte hab Mitleid mit mir!"

Nach einiger Zeit höre ich Männerstimmen: „Komm doch her zu Jesus, er ruft dich, du musst keine Angst haben!" Das lasse ich mir nicht zweimal sagen. Ich springe auf und laufe los. „Was soll ich für dich tun?", fragt Jesus mich. „Bitte Meister, ich möchte wieder sehen können!", flehe ich ihn an. „Weil du an mich glaubst, sollst du wieder sehen können", antwortet Jesus. Ich öffne die Augen. Das helle Licht blendet mich. Da steht er vor mir. „Du kannst gehen", sagt Jesus. Ja, ich gehe wirklich – mit ihm!

Ich kann wieder sehen. Ich kann sehen, dass Gott es gut mit mir meint. Das werde ich überall erzählen. Und ich will mehr von dem hören, was Jesus zu erzählen hat. Ist es nicht wunderbar? Ich kann wieder sehen …!

## I. Thema

Der Glaubende lebt in der Hoffnung auf Gottes bewahrendes und rettendes Handeln. Der glaubende, sehende Mensch ist auch einer, der in der Nachfolge Jesu leben will. Denn wer „richtig" sieht, entdeckt in seiner Lebenswelt Gott. Über das (richtige) Sehen soll hier nachgedacht werden.

## II. Einordnung im Jahreslauf

Zu allen Zeiten

## III. Erarbeiten

*Miteinander beten* (**M1** und **M2**)

*Miteinander reden*

Impuls      Ein Tuch zum Verbinden der Augen liegt in der Mitte.

Gespräch      Erzählen lassen, was es bedeutet, nicht sehen zu können. Den Kindern die Augen verbinden und sie durch den Raum gehen oder kriechen lassen.

    *– Erzählung –*

    Aufzählen lassen, 1. was es drinnen und draußen zu sehen gibt, 2. welche Gefühle an Menschen wahrnehmbar sind (in Mimik und Gestik darstellen lassen). Erarbeiten, wo Gottes Nähe sichtbar wird, z.B.: Er schenkt im Sommer die Erdbeeren; die Sonne, damit wir im Freibad Spaß haben. Aber auch: Gott schenkt uns Menschen, die uns lieben und helfen. Er tröstet, bewahrt vor Unglück oder hilft aus ihm heraus.

Schlusswort      Jeden Tag können wir sehen, dass Gott es gut mit uns meint. Wir wollen seine Freunde sein und mit ihm gehen.

*Miteinander kreativ sein*

Bastel-Auge: Ich sehe … (**M3**)

*Miteinander feiern*

Spiele zum Sehen (**M4**)

*Miteinander singen*

Wunder, 1. Str. (Liedanhang)/Als Jesus kam nach Jericho (DKG 50)

# Lk 5,1–11

*Der Fischzug des Petrus*

Simon Petrus erzählt: Das weiß doch jeder, dass man nicht zur Mittagszeit zum Fischen rausfährt, sondern in der Nacht! Nachts schlafen die Kinder und die Fische sind wach. Und am Tag schlafen die Fische und die Kinder sind wach. Bei Tag beißt kein Fisch an! Ich weiß das, denn früher war ich Fischer. Genau gesagt bin ich auch heute noch Fischer. Früher habe ich Fische gefangen und heute fange ich Menschen. Aber nun will ich doch von vorn erzählen:

Mit Jakobus und Johannes war ich mit unserem Fischerboot auf dem See Genezareth unterwegs. Eine ganze Nacht haben wir nichts gefangen. Am Morgen sind wir zum Ufer zurückgefahren. Wir haben die Netze sauber gemacht und gerissene Stellen geflickt. Wir haben das Boot mit viel Wasser geschrubbt. So machen wir es jeden Morgen. Das Leben eines Fischers ist harte Arbeit!

An diesem Morgen kam ein Mann zu uns. „Ich heiße Jesus", sagte er, „ich möchte mit eurem Boot aufs Wasser hinausfahren." Jesus, dieser Wandersmann, der von Gott erzählte? Ja, die Menschen im Dorf hatten schon von ihm gehört. Was wollte er von uns? Wir sind mit ihm in unserem Boot ein paar Meter aufs Wasser hinaus gefahren. Von dort aus hat Jesus mit lauter Stimme zu den Menschen gesprochen, die sich am Ufer versammelt hatten. Er hat von Gott geredet und dass wir gut zu den Menschen sein sollen, weil Gott gut zu uns ist. Nach einiger Zeit sagte er zu uns: „Werft eure Netze aus!" Ich hätte beinahe laut losgelacht. Am helllichten Tag Fische fangen, das war doch wohl ein Witz!

„Herr, wir haben die ganze Nacht nichts gefangen, da werden wir am Tag erst recht nichts fangen!" Aber Jesus sah uns klar und ruhig an und deshalb taten wir es. Wir warfen die Netze ins Wasser und warteten ab. Es dauerte nur wenige Minuten, da lag unser Boot ein Stück tiefer im Wasser als sonst. Von allen Seiten zogen die Netze ins Wasser. Unfassbar! Die Netze waren brechend voll mit Fischen. Wir holten die Netze mit vereinten Kräften ins Boot. Unmengen von Fischen tummelten sich auf dem Boden. Noch zwei andere Boote haben wir herbei rufen müssen, um alle Fische aufzunehmen. Ein Wunder war geschehen!

„Herr, was willst du mit mir zu tun haben? Bitte geh weg von mir, ich bin kein guter Mensch", habe ich zu Jesus gesagt. Aber Jesus hat mich ruhig angesehen und gesagt: „Simon, du musst keine Angst vor mir haben. Bis jetzt hast du Fische gefangen. Aber ab jetzt sollst du Menschen fischen. Komm mit mir!" Und das habe ich gemacht. Jakobus und Johannes sind auch mitgegangen. Jetzt sind wir Menschenfischer. Wisst ihr, was ein Menschenfischer ist?

# I. Thema

Menschen begegnen Jesus in ihrem Alltag. Sie erleben, dass im Vertrauen auf ihn das Außergewöhnliche möglich ist. Menschen lassen sich von Jesus begeistern und folgen ihm nach. Aus Fischern werden Menschenfischer. Von was lassen sich Kinder begeistern und welche Rolle spielt Gott bei dieser Begeisterung? Darüber soll hier nachgedacht werden.

# II. Einordnung im Jahreslauf

Am 5. Sonntag nach Trinitatis steht das Thema „Nachfolge" im Mittelpunkt.

# III. Erarbeiten

*Miteinander beten* (**M1** und **M2**)

*Miteinander reden*

| | |
|---|---|
| Impuls | Eine Angel (Stock mit Haken) liegt in der Mitte. |
| Gespräch | Kinder von ihren Erfahrungen/Wissen zum Thema Angeln erzählen lassen |

*– Erzählung –*

Mit den Kindern erarbeiten, was es bedeutet, Menschen zu fischen (von Ideen begeistern und überzeugen, so dass sie mitgehen und mitmachen). – Was begeistert die Kinder und wen begeistern sie? Begeistert Gott die Kinder?
Mit den Kindern erarbeiten, dass Gott uns zum einen mit der Schöpfung begeistern will (z.B.: Er lässt die Blumen wachsen; lässt regnen, damit wir baden können), zum anderen mit seiner Wegbegleitung (Trost, Hilfe).

Schlusswort    Gott will uns begeistern. Wir wollen mit ihm gehen.

*Miteinander kreativ sein*

Poster mit Moosgummi-Druck: Ich bin ein Fisch in Gottes Netz (**M3**)

*Miteinander feiern*

Spiele zum Fische- und Menschen-Fangen (**M4**)

*Miteinander singen*

Jesus, der zu den Fischern lief (DKG 54)

# Lk 7,2–10

*Die Heilung des Knechtes des Hauptmannes von Kapernaum*

Kornelius erzählt: Schon als Kind wollte ich Soldat werden und als ich erwachsen war, wurde ich tatsächlich Soldat. Ich diene in der Armee des Herodes Antipas und befehlige 100 Soldaten. Unser Stützpunkt ist in Kapernaum am See Genezareth. Wenn ich meinen Untergebenen etwas befehle, müssen sie es tun. Und wenn mein Chef mir etwas befiehlt, muss ich es tun. Das ist Soldatengehorsam!

Ich habe einen jungen Diener, der mir hilft. Er ist schon seit zwei Jahren Tag und Nacht bei mir. Ich habe ihn lieb gewonnen. Er ist wie ein Sohn für mich, denn ich habe noch keine Frau und keine Kinder. Ein paar Straßen neben der Soldatenunterkunft liegt die Synagoge der Juden. Ich habe mich ein bisschen mit ihrem Gott angefreundet. Vielleicht stimmt es, was sie von ihm erzählen! Als die Juden die Synagoge bauen wollten, habe ich Geld gespendet. Außerdem haben meine Soldaten beim Bau mitgeholfen. Wir leben in guter Nachbarschaft. Das war mein Glück, denn vor einiger Zeit wurde mein Diener schwer krank. „Er stirbt!", rief ich entsetzt. Ich war verzweifelt. Schnell lief ich zu den Obersten der Synagoge und bat sie um Hilfe. Sie sollten zu Jesus laufen, der auf dem Dorfplatz redete. Vielleicht konnte er meinem Diener helfen!

„Du musst ihm helfen, er hat es verdient!", sagten die Obersten Juden zu Jesus, „er hat unsere Synagoge mit aufgebaut und Geld gespendet." Und Jesus machte sich mit ihnen auf den Weg zu unserer Unterkunft. Jesus kam zu mir? Ich bin kein frommer Jude und in dem Land, aus dem ich komme, betet man fremde Götter an. Ich bin unrein! Würde Jesus in mein Haus kommen, würde er auch unrein. Das sollte nicht sein. Deshalb habe ich schnell Kameraden vor die Tür geschickt und sie für mich sagen lassen: „Jesus, du musst nicht in mein Haus *kommen*. Du musst nur *sagen*, dass mein Knecht gesund werden soll. So wie ich Befehle austeile und Befehle bekomme, so befiehl du doch der Krankheit, sich davon zu machen! Sprich nur ein Wort und mein Diener wird gesund!"

Vor der Tür hörte ich Jesus sprechen: „So großen Glauben habe ich im ganzen Land noch nicht erlebt." Als ich diese Worte gehört hatte, wurde ich ruhiger. Ich ging zurück zu meinem Diener. Er schlief. Nach einer Stunde wachte er auf. Er stand auf und verlangte nach etwas zu essen. Er war wieder gesund. Wirklich, dieser Jesus hatte die Kraft des jüdischen Gottes in sich! Wir haben dann ein Fest gefeiert mit allem, was dazu gehört. Das war wie ein zweiter Geburtstag. Wir waren alle sehr froh!

## I. Thema

Das ist Glaube: Sich Gott anzuvertrauen in grundlegenden Nöten und ihm zuzutrauen, dass er rettet und bewahrt. Ein heidnischer Soldat macht den frommen Juden vor, wie man glaubt. Macht er auch uns etwas vor? Was für die Kinder (christlicher) Glaube bedeutet, soll hier erarbeitet werden.

## II. Einordnung im Jahreslauf

Am 17. Sonntag nach Trinitatis steht der glaubende Mensch im Mittelpunkt. Auch am 5. Sonntag nach Ostern (Rogate = Betet)

## III. Erarbeiten

*Miteinander beten* (**M1** und **M2**)

*Miteinander reden*

Impuls | Einen kleinen Kuchen mit Kerzen mitbringen: „Heute feiert jemand Geburtstag …"

Gespräch | Erarbeiten, dass ein Mensch auch einen 2. Geburtstag feiern kann, wenn er eine Krankheit/ein Unglück überlebt hat.

*– Erzählung –*

Mit den Kindern erarbeiten, worin der Glaube des Hauptmannes besteht. Erarbeiten, dass Glaube mit Vertrauen zu tun hat. Wem oder was vertrauen sie?
Vertrauen/glauben die Kinder auch an Gott? Haben sie ihn schon mal gerufen, wenn es ihnen schlecht ging? Wie können sie mit Gott „in Kontakt" treten? (durch das Gebet).

Schlusswort | Wir wollen Gott vertrauen wie einem Freund. Wir wollen glauben und beten, dass er uns hilft, wenn wir in Not sind.

*Miteinander kreativ sein*

Ausmalbild Soldatenhelm (**M3**)

*Miteinander feiern*

Der Knecht feiert Geburtstag (**M4**)

*Miteinander singen*

Ich will dem Herrn singen mein Leben lang (DKG 191)

# LK 7,11–17

## Der Jüngling zu Nain

Elischa ist mein Name. Ich wohne in Nain. Das heißt übersetzt „die Liebliche". Ist das nicht ein schöner Name für ein Dorf? Meine Nachbarin heißt Sulamit. Im letzen Jahr, zur Zeit der Anemonenblüte, ist ihr Mann gestorben. Das ist traurig. Jetzt hat sie nur noch ihren Sohn. Er ist schon fast erwachsen. Wie gut, dass Sulamit ihren Sohn hat! Er arbeitet als Schreiner und verdient das Geld, damit beide leben können. Und bei wichtigen Angelegenheiten redet er für sie. Frauen halten sich bei uns zurück, die Männer haben das Sagen. Wie gut, dass Sulamit ihren Sohn hat. Beinahe wäre das schiefgegangen und das möchte ich euch heute erzählen.

Nach dem letzten Vollmond wurde Sulamits Sohn sehr krank. Von einem auf den anderen Tag wurde er schwächer. Er hustete und war ganz heiß. Er phantasierte und redete wirres Zeug. Alle Kräuter und kalte Wickel halfen nichts. An einem Morgen lag er tot im Bett. Seine Mutter war außer sich. Sie schrie und tobte, sie weinte bitterlich. „Was soll ich jetzt nur machen? Ich bin nicht mehr versorgt. Von nun an gehöre ich der Familie meines toten Mannes. Ich muss bei ihnen als Magd arbeiten. Wie schrecklich. Ich wünschte, ich wäre auch tot!" So rief sie und raufte sich die Haare.

Am Nachmittag haben wir den Toten in eine Holzkiste gelegt und mit einem schönen Tuch abgedeckt. Noch bevor die Sonne untergehen würde, wollten wir ihn vor der Stadt in der Erde begraben. Das ganze Dorf war auf den Beinen und begleitete den Trauerzug.

Vor den Toren begegnete uns eine Gruppe von Menschen. Ein Mann kam direkt auf uns zu. Es war Jesus. Ich hatte schon von ihm gehört. Wundersame Dinge erzählte man sich von ihm. Jesus sah Sulamit voller Mitleid an und sagte: „Weine nicht!" Er berührte den Sarg und sagte zu dem Toten: „Junger Mann, steh auf!" Und – ich kann es immer noch nicht fassen: Sulamits Junge richtete sich auf und schlug die Augen auf. „Mutter, was ist los, wo bin ich?", fragte er. Wir waren furchtbar erschrocken. Wir waren vor Freude erschrocken.

Ein seltsames Wort, nicht wahr? Aber so war es! Wir alle warfen uns vor Jesus hin und riefen: „Wir loben Gott, wir loben dich! Du bist wirklich Gottes Sohn! Du sollst unser Herr, du sollst unser König sein!"

Aber Jesus ist nicht bei uns geblieben, er ist weitergezogen. Wir sind alle ins Dorf zurückgegangen und haben mit Sulamit und ihrem Sohn ein großes Fest gefeiert. Besonders der Freudentrank, den sie für uns gekocht hat, war köstlich! Wie gut, dass sie ihren Sohn wieder hat. Alle Menschen sollen wissen, dass Jesus das getan hat!

## I. Thema

Ein Leben ohne Schmerz, Leiden und Tod gibt es nicht. Doch Gott wendet sich dem Menschen auch in den dunklen Stunden seines Lebens zu. Wer sich von Gott im Glauben berühren lässt, der ist von den dunklen Seiten des Lebens zwar nicht ausgenommen, er muss sich aber von ihnen nicht erschrecken lassen. Der muss nicht weinen, sondern darf aufstehen in der Gewissheit, sowohl im Leben als auch im Tod von Gott begleitet zu sein. Welche Erfahrungen haben Kinder mit Tod und Trauer?

## II. Einordnung im Jahreslauf

Am letzten Sonntag im Kirchenjahr (Ewigkeitssonntag)

## III. Erarbeiten

*Miteinander beten* (**M1** und **M2**)

*Miteinander reden*

Impuls       Eine vertrocknete Pflanze liegt in der Mitte.

Gespräch     Die Kinder erzählen lassen, wie eine Pflanze wächst.

*– Erzählung –*

Welche Erfahrungen haben Kinder mit schweren Erkrankungen und Tod (auch von Haustieren!)? Wer hat zur Heilung beigetragen bzw. im Todesfall getröstet?
Erarbeiten, dass Geboren-Werden und Sterben zum Lebenskreislauf von Menschen, Tieren und Pflanzen dazugehört.
Den Kindern sagen, dass Gott uns nicht nur im Leben, sondern auch in Sterben und Tod begleitet.

Schlusswort  Wenn wir einmal gestorben sind, fasst Gott uns an der Hand und sagt: „Steh auf! Du sollst leben!" Das hoffen wir für uns und die Menschen, die wir lieb haben.

*Miteinander kreativ sein*

Der Jüngling in der Streichholzschachtel (**M3**)

*Miteinander feiern*

Wir kochen und trinken Sulamits Freudentrank (**M4**)

*Miteinander singen*

Halleluja (MKL 49)

# Lᴋ 17,11–19

*Die zehn Aussätzigen*

Joram erzählt: Es ist schlimm, wenn die Menschen nichts mit dir zu tun haben wollen, weil du ein Fremder bist. Ich bin ein Samaritaner. Wisst ihr, was ein Samaritaner ist?

Vor vielen Hunderten von Jahren hat ein fremder König unser Land Samaria erobert. Aus *unserem* Land hat er viele Menschen in sein Land verschleppt. Und aus *seinem* Land hat er Menschen in unser Land geschickt. Die haben nicht an unseren Gott geglaubt, sondern an fremde Götter. Sie sind hier wohnen geblieben und haben Männer und Frauen aus unserem Volk geheiratet. So haben wir uns miteinander vermischt und die fremden Menschen haben unseren Gott kennen gelernt. Doch die frommen Juden sagen, wir würden trotzdem nicht zu Gottes geliebtem Volk gehören. Wir mussten uns sogar einen eigenen Tempel bauen. Ich finde das sehr schlimm.

Wenn du dann noch krank wirst, so wie ich, dann kannst du gleich verzweifeln. Ich sage nur ein Wort: Aussatz! Da verfaulst du am eigenen Leib. Deine Hände, deine Füße, deine Nase – alles wird aufgefressen von dieser Krankheit. Mich hatte es auch erwischt. Wenn du Aussatz hast, musst du deine Sachen packen und abhauen vor die Tore der Stadt. Da musst du wie die Tiere hausen und immer schreien: „Unrein, ich bin unrein – halte dich von mir fern!" Dann machen die frommen Juden einen großen Bogen um dich, weil sie sich nicht anstecken wollen.

Schluss mit dem Jammern. Denn ich bin überglücklich. Schaut mich an! Ich bin wieder gesund! Jesus hat mich gesund gemacht. Als er vor einiger Zeit in unserer Nähe mit seinen Jüngern vorbei ging, haben meine neun anderen aussätzigen Freunde und ich geschrien, was das Zeug hielt: „Jesus, Meister, habe Mitleid mit uns!" Ich dachte, er ruft uns zu sich und legt seine Hand auf, aber nichts von dem passierte. Er rief lediglich zurück: „Geht in den Tempel und zeigt euch den Priestern!"

Den Priestern zeigen? Das sind die, die einem sagen können: „Du bist wieder rein. Du gehörst wieder zu uns." Aber dazu muss man ja erst mal gesund sein! Wir haben erst überlegt und dann sind wir los. Jesus muss sich ja etwas dabei gedacht haben.

Und wirklich: als wir im Tempel ankamen, *waren wir gesund*! Die Priester sprachen uns rein. Meine Freunde sind sofort nach Hause zu ihren Familien gerannt. Aber ich bin zurück zu Jesus gegangen. Wenn man etwas geschenkt bekommt, muss man sich doch bedanken, meint ihr nicht? Was ich aber am tollsten finde, dass Jesus auch mich gesund gemacht hat, obwohl ich doch ein Samaritaner bin, ein Fremder.

## I. Thema

Aussätzige und Samaritaner haben keinen Platz in der jüdischen Gesellschaft und werden ausgegrenzt. Für Gott spielen die Kriterien dieser Ausgrenzung keine Rolle. Sein Heil gilt allen Menschen, die sich vertrauensvoll an ihn wenden. Wo und wie erleben Kinder Ausgrenzung?

## II. Einordnung im Jahreslauf

Zu allen Zeiten

## III. Erarbeiten

*Miteinander beten* (**M1** und **M2**)

*Miteinander reden*

Impuls       Mit Stempelfarbe Daumenabdrücke der Kinder nehmen

Gespräch    Die Kinder die Abdrücke (mit einer Lupe) untersuchen lassen. Sie sollen erkennen, dass jeder einzigartig ist.

           *– Erzählung –*

           Die Kinder erzählen lassen, wer für sie ein Fremder ist (aus einem anderen Land, mit einer fremden Sprache, anderen Religion etc.). Kennen sie ein ausländisches Kind (das sind sie selbst auch!) und wie gehen sie mit ihm um?
Mit den Kindern erarbeiten, dass man sich auch in der näheren Umgebung „fremd" vorkommen kann (z.B. wenn man nicht mitspielen darf, wenn Freundschaften kaputt gehen, wenn man gehänselt wird, wenn man krank ist).
Den Kindern sagen, dass für Gott niemand fremd ist. Gott hat ein großes Herz für alle, die zu ihm kommen.

Schlusswort   Gott will für alle Menschen da sein, gleich wo sie wohnen und wie sie aussehen. Wir dürfen alle seine Freunde sein.

*Miteinander kreativ sein*

Ich bin anders als du! – Wir basteln Anziehpuppen (**M3**)

*Miteinander feiern*

Erzähl mir, wie es bei dir zu Hause ist! (**M4**)

*Miteinander singen*

Ich gebe dir die Hände (MKL 81)

# JOH 2, 1–12

*Die Hochzeit zu Kana*

Joshua erzählt: Hochzeit feiern ist eine feine Sache: Sieben Tage gutes Essen und Trinken. Sieben Tage Tanz und Vergnügen. So ist es bei uns üblich. Im letzten Jahr hat Taddäus geheiratet, der reichste Bauer im Dorf. Und ich war sein Tafelmeister. Für alles, was es zu essen und zu trinken gab, war ich verantwortlich. Das war eine große Aufgabe. Ich musste alles planen, alles einkaufen, alles zubereiten lassen. Es mussten genug Tiere geschlachtet, genug Brote gebacken, Früchte und Gemüse herbeigeschafft werden und natürlich Wein. „Ich kümmere mich um den Wein!", sagte Taddäus, der Bräutigam. Darüber war ich froh.

Das Fest begann, es lief alles wunderbar – bei mir geht selten etwas schief – doch plötzlich kam einer der Diener zu mir und sagte: „Ich soll Wein ausschenken, aber die Krüge sind leer!" „Die Krüge sind leer? Das kann nicht sein!", antwortete ich. Aber es stimmte: Die Weinkrüge waren leer getrunken. Und es war doch erst der zweite Tage unserer Feierlichkeiten! Zum Glück hatte es noch keiner bemerkt. Oder doch? Eine Frau beobachtete uns. Ich kannte sie irgendwoher, doch der Name fiel mir zuerst nicht ein. War es nicht Maria, die Mutter von Jesus, diesem Wanderprediger?

Wenig später kam Jesus dann auf mich zu. Mit ihm kamen seine Freunde, die Jünger. „Ich habe gehört, der Wein ist ausgegangen, stimmt das?", fragte Jesus. „Ja, es stimmt", antwortet ich. „Lasst uns in den Vorraum gehen, dorthin, wo die Wasserkrüge zum Waschen stehen!", sagte Jesus zu den Dienern. Nach kurzer Zeit kamen die Diener mit einer Schöpfkelle zu mir zurück. „Du sollst probieren!", sagten sie. Es war köstlicher Wein, nein, es war der köstlichste Wein, den ich jemals getrunken habe. Wo kam der her? Hatte Taddäus diesen guten Wein noch aufgehoben, ohne dass ich etwas davon wusste? Normalerweise gibt man erst den guten Wein und wenn die Gäste betrunken sind und es sowieso nicht mehr schmecken, den schlechten. Aber hier war es genau anders herum.

Die Diener erzählten mir etwas Seltsames: Jesus hätte ihnen gesagt, sie sollten die sechs Wasserkrüge bis obenhin mit Wasser füllen. Das hätten sie dann gemacht. Mehr nicht. Und dann wären sie mit der Schöpfkelle zu mir gekommen.

Ich ging zu den Wasserkrügen. Dort standen sie, gefüllt mit 600 Litern allerbestem Rotwein. Ich war sprachlos. Hatte Jesus vielleicht das Wasser in Wein verwandelt? Wo sollte der Wein sonst hergekommen sein? Seit diese Hochzeit vergangen ist, denke ich viel über Jesus nach. Ich glaube jetzt wie die Jünger, dass Jesus kein normaler Mensch ist. Vielleicht ist er wirklich Gottes Sohn!

## I. Thema

Jesus zeigt in diesem ersten Wunder im Johannesevangelium seine Herrlichkeit als Sohn Gottes. Der Glaube der Jünger an ihn wächst. Welche wunderbaren Geschehnisse nehmen die Kinder in ihrer Umwelt wahr? Darüber soll hier nachgedacht werden.

## II. Einordnung im Jahreslauf

Zur Zeit der Weinlese

## III. Erarbeiten

*Miteinander beten* (**M1** und **M2**)

*Miteinander reden*

Impuls    Mit den Kindern in einer Schüssel/einem Krug Hände waschen.

Gespräch    Ihnen von jüdischen Reinigungsvorschriften erzählen (vor und nach den Mahlzeiten, nach Rückkehr nach Hause, wegen möglicher Berührung von Unreinem)

*– Erzählung –*

Erarbeiten, dass das Wunderbare in dieser Geschichte zum einen in der *Verwandlung des Wassers*, zum anderen im *Wachsen des Glaubens* bei den Jüngern besteht.
Erarbeiten, wie aus der Traube Saft und Wein wird. Sie darauf aufmerksam machen, dass das scheinbar selbstverständliche Wachsen und Reifen etwas Wunderbares ist.
Die Kinder erzählen lassen, welche „wunderbaren" Dinge ihnen schon passiert sind (Genesung von schwerer Krankheit, Versöhnung etc.).

Schlusswort    Gott schenkt uns in unserem Leben viele wunderbare Dinge. Wenn wir genau hinsehen, werden wir sie entdecken.

*Miteinander kreativ sein*

Weintraubenanhänger aus Fimo basteln (**M3**)

*Miteinander feiern*

Ein Traubenfest feiern (**M4**)

*Miteinander singen*

Was er euch sagt, das tut (Liedanhang, S. 124)

# Die Gleichnisse

# MT 7,24-29

*Vom Hausbau*

Elisar erzählt: Vom Hausbauen habe ich die Nase voll! Nur Arbeit und Ärger hast du damit! Dabei dachte ich, es wäre gar nicht so schwer, sich den Traum vom eigenen Haus zu erfüllen. Ich hatte ein schönes Grundstück in der Nähe vom Meer. Wenn du unter dem Feigenbaum gesessen hast, konntest du herrliche Sonnenuntergänge über dem Meer beobachten! Ich wollte heiraten und brauchte Platz. Schnell sollte es gehen, denn ich hatte schon ein Mädchen im Auge. „Dein Grundstück hat keinen festen Boden", warnte mich Simeon, „bau nicht auf Sand, das geht nicht gut!" Ich sah, wie auch er Baumaterial auf sein Grundstück bringen ließ. Das liegt am Ende des Dorfes und hat felsigen Untergrund. „Wenn ein Unwetter kommt, dann stürzt dein Haus ein!", warnte er mich. „Du musst auf festen Untergrund achten!"

Ach was, dachte ich, da wird schon nichts passieren. Wir beide bauten unsere Häuser und zogen ein. Und da passierte es: Vor zwei Nächten hatten wir ein schweres Unwetter und ich hatte noch mal Glück im Unglück. Ich bin nämlich aus meinem Haus gelaufen, um nach meinen Tieren zu sehen. Und kaum war ich draußen, da begann mein Haus zu schwanken. Es sah auf einmal so schief aus – es *war* schief und wurde immer schiefer. Mit einem Ächzen brach die linke Hauswand ein und darüber das Dach. Das Regenwasser hatte den Sand unter meinem Haus weggespült und der Sturm tat den Rest. Mein Haus war zerstört und ich war obdachlos. Aber wenigstens lebte ich und war unverletzt.

Am nächsten Morgen kamen alle Dorfbewohner und haben sich den Schaden angesehen. Auch Simeon kam zu mir. Sein Haus hatte das Unwetter unbeschadet überstanden. Er ist ein feiner Kerl. „Du kannst bei mir wohnen, bis du dir etwas Neues gebaut hast", sagte er, „aber diesmal baust du auf Felsen, nicht auf Sand, das hält länger!" Wir vertragen uns ganz gut. Jetzt muss ich mich erst mal von dem Schreck erholen und dann sehe ich weiter.

*Jesus hat gesagt: Kluge Menschen sind wie Hausbauer, die ihr Haus auf felsigen Grund bauen: Sie bauen ihr Leben auf Gott. Er ist wie ein starker Fels. Ihm vertrauen sie ihr Leben an. Sie leben so, wie Gott es möchte. Wenn sie einmal gestorben sind, werden sie bei Gott leben.*

*Dumme Menschen sind wie Hausbauer, die ihr Haus auf Sand bauen. Sie glauben nicht an Gott oder denken, dass sie Gott nicht brauchen. Wenn sie einmal gestorben sind, können sie nicht bei Gott sein.*

# I. Thema

Der Mensch, der sein Leben auf Gott baut, wird Gottes Gericht im Tod unbeschadet überstehen und ewig leben. Wer Gott ablehnt, wird verloren sein. Welchen Sinn es hat, mit Gott zu leben, und wie ein gottgefälliges Leben gestaltet werden kann, darüber soll hier nachgedacht werden.

# II. Einordnung im Jahreslauf

Zu allen Zeiten

# III. Erarbeiten

*Miteinander beten* (**M1** und **M2**)

*Miteinander reden*

Impuls      Einige Handvoll Sand liegen in der Mitte. Wo finden die Kinder Sand? Wozu braucht man Sand?

*Gleichnis – Erzählung*

Gespräch    Mit den Kindern erarbeiten, welchen Fehler Elisar gemacht hat. Welche Erfahrungen haben sie ggf. als Kinder hausbauender Eltern? Mit ihnen den Vergleichspunkt „auf Gott bauen = auf Felsen bauen – Gott ablehnen = auf Sand bauen" erarbeiten: Was bedeutet es, sein Leben auf Gott zu bauen? (an ihn glauben, auf ihn hoffen in guten und schlechten Zeiten; Gott, die Mitmenschen und sich selbst lieben, d.h. nach seinen Geboten leben).Was bedeutet es, Gott abzulehnen?

Schlusswort  Der kluge Mensch baut sein Leben auf Gott. Gott will für uns ein starker Halt, ein fester Untergrund sein. Wenn wir unser Leben auf Gott bauen, brauchen wir uns nicht zu fürchten: Nicht vor dem Leben und nicht vor dem Sterben.

*Miteinander kreativ sein*

Ausmalbild Haus (**M3**)

*Miteinander feiern*

Wir feiern das, was fest ist … (**M4**)

*Miteinander singen*

Bau dein Haus auf festen Grund (Liedanhang, S. 126)

# Mt 13,33

*Vom Sauerteig*

Ich bin Marijam und kann gut kochen und backen. Deshalb arbeite ich bei einem reichen Herrn in der Küche. Er hat oft Gäste. In den nächsten drei Tagen feiert er ein großes Fest. Seine Tochter heiratet und das ganze Dorf ist eingeladen. Seit Tagen kochen und backen wir in der großen Küche. Das ist vielleicht ein Trubel! Da wird gelacht, aber auch gezankt. Heute backe ich Brot. Habt ihr schon einmal Brot gebacken? Ich kann das schon im Schlaf, so oft habe ich in meinem Leben gebacken! Schon vor einigen Tagen habe ich etwas Mehl genommen und mit warmem Wasser stehen lassen. Gestern waren dicke Blasen darauf und es roch sauer. Da habe ich Mehl, Wasser und Salz dazu getan und einen Teig geknetet. Was glaubt ihr denn, wie viel Mehl ich gebraucht habe? Ihr erratet es nie: vier große Eimer, ganze 40 Liter! Über Nacht ist der Teig mehr als doppelt so groß geworden. Der Sauerteig hat ihn schön locker gemacht. Stellt Euch vor, ein ganzer Sandkasten wäre voll mit Brotteig! So viel habe ich gemacht. Heute nun backe ich die Brote im großen Steinofen. Da bin ich den ganzen Tag beschäftigt. Ganz ehrlich: Meine Brote sind die besten!

*Jesus hat gesagt: Gottes Reich auf der Erde wächst so wie ein Brotteig: Zuerst ist es nur ganz klein und dann wird es immer größer. Zuerst wissen nur ganz wenige Menschen von Gott und dann immer mehr. Zuerst wollen nur wenige Menschen Gottes Freund sein und dann immer mehr. Gottes Reich auf der Erde wächst so wie ein Brotteig!*

Clemens, 9 Jahre

# I. Thema

Das Gottesreich wird wachsen wie ein Brotteig, der, vom Sauerteig durchsäuert, um ein Mehrfaches seiner Größe wächst. Das ganz Kleine entfaltet sich zur gewaltigen Größe. Wie erfahren Kinder das Wachsen des Gottesreiches in ihrem Alltag? Darüber soll hier nachgedacht werden.

# II. Einordnung im Jahreslauf

Zu allen Zeiten

# III. Erarbeiten

*Miteinander beten* (**M1** und **M2**)

*Miteinander reden*

Impuls · · · Knäckebrot und Sauerteigbrot, vom Bäcker oder selbstgebacken (**M3**), liegen in der Mitte.

Gespräch · · · Mit den Kindern darüber nachdenken, warum das eine Brot hart, das andere weich ist. Erzählen Sie ihnen, dass die Israeliten auch beide Brotarten kannten. (Lesen Sie zur Vorbereitung 2. Mose 12, der Auszug aus Ägypten).

*Gleichnis – Erzählung*

Mit den Kindern darüber nachdenken, *was* wächst und *wie* es wächst. Woran können sie sehen, dass *Gottes Reich* wächst? Immer mehr Menschen möchten Gott zum Freund haben und wollen so leben, wie er es gern möchte; Streitende vertragen sich, Trauernde werden getröstet, Hungernden wird zu essen gegeben etc.
Mit den Kindern erarbeiten, wo sie helfen können bzw. schon einmal geholfen haben.

Schlusswort · · · Gottes Reich wächst wie ein Brotteig. Wir können Gott dabei eine Hilfe sein.

*Miteinander kreativ sein*

Sauerteigbrot backen (**M3**)

*Miteinander feiern*

Eine Bäckerei besuchen (**M4**)

*Miteinander singen*

Weißt du, wo der Himmel ist? (MKL 99)

# MT 13,44

## Vom Schatz im Acker

Hillel erzählt: Schätze finden immer nur die anderen. Nur die anderen haben immer Glück – so habe ich bis vor ein paar Wochen gedacht. Aber ich habe mich geirrt! Diesmal hatte *ich* Glück und dieses Glück begegnete mir auf dem Feld meines Herrn, als ich pflügen sollte. Er ist der reiche Herr, ich bin der arme Schlucker, der für wenig Lohn viel bei ihm arbeiten muss! Der Esel und ich, wir trotteten beim Einpflügen der Samenkörner so vor uns hin, als es plötzlich einen Ruck gab. Der Pflug hatte sich verhakt. „So ein Mist!", habe ich geschimpft. Als ich versuchte, den Pflug freizubekommen, sah ich plötzlich ein Stück Holz in der Erde. Es ließ sich nicht bewegen. Beim Ausgraben merkte ich, dass zu dem Holz eine ganze Kiste gehörte. Eine Kiste in einem Acker, was war das denn? Ich schwitze tüchtig, bis ich die Kiste ausgegraben hatte. Und dann, nein, ihr könnt es euch nicht vorstellen, was darinnen war: Gold und Edelsteine, ein ganzes Vermögen! Das musste ich unbedingt haben. Also machte ich schnell einen Plan: Ich versteckte die Kiste wieder, schüttete Erde darüber und machte meine Arbeit, als ob nichts geschehen war. In den nächsten Tagen verkaufte ich alles, was ich besaß, sogar meine Schlafmatte! Mit dem Geld ging ich zu meinem Herrn. „Ich möchte ein eigenständiger Bauer sein, verkauf mir doch den einen von den Äckern, auf dem ich gepflügt habe!", sagte ich zu ihm. Mein Herr hat erst gezögert, aber dann das Geld gesehen, das ich mitgebracht hatte. Und außerdem hatte er so viel Land, da käme es auf den einen Acker nicht an, dachte er sich. So willigte er ein. Der Kaufvertrag wurde gemacht. Als Besitzer des Ackers habe ich einige Tage später die Kiste ausgegraben. Was soll ich euch sagen, Kinder: Ich bin ein reicher Mann. Mein Einsatz hat sich gelohnt. Jetzt muss ich nicht mehr selber säen und pflügen, sondern habe Angestellte, die das für mich machen. Das Leben ist herrlich!

*Jesus hat gesagt: Gott will für uns Menschen wie ein großer Schatz sein, größer, als wir jemals einen Schatz finden werden. Es lohnt sich, mit Gott zu leben. Mit ihm an der Seite ist unser Leben reich beschenkt.*

# I. Thema

Wer Gottes Wirken in seinem Leben entdeckt, fühlt sich so reich beschenkt, dass alles andere unwichtig dagegen erscheint. Welche Schätze haben die Kinder in ihrem Leben bisher gefunden und welche Rolle spielt Gott dabei? Darüber soll hier mit ihnen nachgedacht werden.

# II. Einordnung im Jahreslauf

Zu allen Zeiten

# III. Erarbeiten

*Miteinander beten* (**M1** und **M2**)

*Miteinander reden*

| | |
|---|---|
| Impuls | Eine kleine Holzkiste steht mit geschlossenem Deckel in der Mitte. Die Kinder raten lassen, was darinnen ist. |
| Gespräch | Die Kinder erzählen lassen, was für einen Schatz sie schon einmal gefunden haben. Was würden sie gern finden? |

*Gleichnis – Erzählung*

Mit den Kindern überlegen, was Hillel mit seinem Schatz vielleicht getan hat. – Die Kiste öffnen lassen. Darin befinden sich die „Schätze" des Leiters/der Leiterin: Fotos von Familie und Freunden, Tabletten (= Gesundheit), Geld, Brot, Bibel, ein kleines Auto, Schmuck etc. Erarbeiten, dass die Schätze des Lebens mehr als Geld/Besitz sind.
Erarbeiten, dass auch das Leben mit Gott wertvoll ist (er schenkt Familie und Freunde, die Schöpfung, begleitet uns auf unserem Lebensweg etc.).

| | |
|---|---|
| Schlusswort | Gott schenkt uns viele Schätze in unserem Leben. Er will selber ein Schatz für uns sein. |

*Miteinander kreativ sein*

Schatzkiste basteln (**M3**)

*Miteinander feiern*

Auf Schatzsuche gehen (**M4**)

*Miteinander singen*

Ich möcht', dass einer mit mir geht (MKL 82)

# Mt 13,47–50

## Vom Fischernetz

Andreas erzählt: Wenn ihr in euren Betten liegt und schlaft, bin ich auf den Beinen und arbeite. Mein Arbeitsplatz wackelt manchmal sehr, denn ich arbeite auf einem Fischerboot auf dem See Genezareth. Mögt ihr gern Fisch? Ich esse oft Fisch, denn in unserem See gibt es viele leckere Fische. Vierundzwanzig verschiedene Sorten kenne ich! Wir sind immer in der Nacht unterwegs. Wir haben ein großes Netz, das wir auswerfen. Und dann warten wir. Wenn es voll ist, ziehen wir es ins Boot. Dann wird sortiert: Die Babyfische, die noch wachsen sollen, werfen wir wieder zurück. Auch die Fische, die nicht so gut schmecken und sich nicht gut verkaufen lassen, dürfen wieder ins Wasser. Es gibt auch kranke Fische, die wir wieder zurück werfen.

Wenn die Sonne aufgeht, verziehen sich die Fische in die Tiefe. Dann fahren wir an Land und verkaufen unseren Fang. Wenn wir unsere Boote gesäubert haben, gehe ich schnell nach Hause zu Bett. Da schlafe ich dann einige Stunden. Am Nachmittag flicken wir die zerrissenen Netze. Und am Abend geht es wieder los auf den See. Ich habe mich an die Nachtarbeit gewöhnt, mir macht sie nichts mehr aus. Ich bin gerne Fischer, auch wenn es ein harter Beruf ist.

*Jesus hat gesagt: Irgendwann einmal wird Gott auf die Erde kommen, um sein Königreich aufzurichten. Dann wird er die Menschen einsammeln wie ein Fischer die Fische im Netz. Gott wird sich entscheiden: Wer sich im Leben zu ihm gehalten hat, darf auch weiterhin bei ihm leben. Wer nichts von ihm wissen wollte, kann nicht bei ihm sein.*

## I. Thema

Am Ende aller Tage wird Gott Gericht über alle Menschen halten: Wer zu ihm gestanden hat, zu dem wird auch er stehen. Wer ihn abgelehnt hat, den wird auch er ablehnen. Was bedeutet es für die Kinder, Menschen zu fangen und selber ein Fisch in Gottes Netz zu sein?

## II. Einordnung im Jahreslauf

Zu allen Zeiten, auch Buß- und Bettag

## III. Erarbeiten

*Miteinander beten* (**M1** und **M2**)

*Miteinander reden*

Impuls          Eine Angel/Angelhaken oder ein Netz liegen in der Mitte.

Gespräch        Die Kinder von ihren Erfahrungen/Erlebnissen zum Thema
                Angeln/Fischen erzählen lassen.

                *Gleichnis – Erzählung*

                Den Kindern erzählen, dass Jesus Menschen *gefischt* hat,
                indem er sie von Gott begeistert hat. Mit ihnen erarbeiten,
                dass auch sie Menschenfischer sind, die sich Freunde
                „fangen". Wie haben ihre Freundschaften begonnen? Wodurch
                haben sie schon einmal einen Freund verloren?
                Erarbeiten, dass auch für Gott Menschen verloren gehen
                können: Menschen, die Unrecht tun und es nicht bereuen;
                Menschen, die Gott ablehnen (und von Gott abgelehnt
                werden). Was können sie tun, um „im Netz Gottes" zu bleiben?
                (Gott lieben und den Nächsten lieben wie sich selbst).

Schlusswort     Gott freut sich über jeden, der in seinem Netz bleibt!

*Miteinander kreativ sein*

Ausmalbild: Das bin ich mit meinem Freund in Gottes Netz (**M3**)

*Miteinander feiern*

Ein Fisch-Fest feiern (**M4**)

*Miteinander singen*

Komm, Herr, segne uns (LzU 60)

49

# Mt 13,45–46

## Von der kostbaren Perle

Heute in der Morgendämmerung schaue ich den Fischern am Meer bei der Arbeit zu. Sie tragen die Fische in großen Holzkisten an Land und machen die Netze sauber. Aus den Kisten läuft das Salzwasser und manche Fische zappeln noch. Eifrig und mit viel Wasser schrubben die Fischer ihr Boot, damit es in der Morgensonne trocknen kann. Dann gehen sie zum Schlafen nach Hause. Aber was ist das? Zwei sind noch bei der Arbeit! Es sind Gideon und Ruben aus Jaffa. Gideon ist ganz aufgeregt. Machen sie ein Geschäft?

Kommt, wir fragen sie: „Hallo, ihr zwei! Warum geht ihr nicht zu Bett, seid ihr nicht müde?" „Wir machen ein großartiges Geschäft", antwortet Gideon, „Ruben hat eine Muschel mit einer wunderschönen Perle in seinem Netz gehabt. So ein Prachtexemplar habe ich noch nie gesehen. Sie gehört natürlich ihm – keine Frage! Aber trotzdem: Ich muss sie unbedingt haben!" „Ja", sagt Ruben. „Sie gehört mir. Aber jetzt geht Gideon nach Hause und verkauft sein Haus und seinen Eselskarren. Mit dem Geld kauft er sich die Perle von mir." „Alles, was ich besitze, ist unwichtig gegen diese eine wunderbare Perle", sagt Gideon.

*Jesus hat einmal gesagt: So etwas Unglaubliches kann dir auch passieren: Wenn du merkst, dass Gott ganz nahe bei dir ist; dass er dich lieb hat; dass er dir Mut macht und dich tröstet. Das ist so, als ob du eine sehr wertvolle Perle gefunden hast, die du nie mehr hergeben möchtest. Alles, was du besitzt, ist unwichtig gegen diese eine Perle, die Gott heißt und immer bei dir ist!*

Tobias, 7 Jahre

## I. Thema

Von Gott und seiner Herrschaft berührt zu werden, bedeutet ein erfülltes Leben, das keiner Ergänzung bedarf. Auch Kinder werden von Gott in ihrem Leben berührt und erfahren, wie wertvoll es ist, von ihm begleitet zu werden.

## II. Einordnung im Jahreslauf

Sommerzeit, Badezeit

## III. Erarbeiten

*Miteinander beten* (**M1** und **M2**)

*Miteinander reden*

Impuls      In der Mitte liegen Sand und Muscheln, eine (echte) Perlenkette und andere edle Steine/Kristalle.

Gespräch    Die Kinder erzählen lassen, welche „Schätze" sie schon einmal am Strand gefunden haben. Den Kindern von Bernsteinen erzählen, die im Meerwasser gefunden werden, von Diamanten und anderen Edelsteinen, die im Gestein über und unter der Erde gefunden werden.

*Gleichnis – Erzählung*

Mit den Kindern erarbeiten, was oder wer für sie im Leben wichtig und wertvoll wie diese Perle ist. Was/wen würden sie nie hergeben? (Eltern, Geschwister, Freunde, Spielsachen, Freude haben, Hilfe erfahren, getröstet werden. Die Schöpfungsgaben: Regen und Sonne, Pflanzen, Tiere etc.).

Schlusswort  Auch Gott will in unserem Leben wichtig sein. Er will wie eine wertvolle Perle mit seinem Leben zu unserem Leben gehören.

*Miteinander kreativ sein*

Eine Muschelkette basteln (**M3**)

*Miteinander feiern*

Ein Perlenfest feiern (**M4**)

*Miteinander singen*

Wenn du eine Perle findest (Liedanhang, S.124)

# Mt 18,12–14

### Vom verlorenen Schaf

Hermas erzählt: Schafe hüten ist keine leichte Arbeit! Du musst deine Augen überall haben, am besten noch im Rücken, damit du sehen kannst, wenn dir eines von den Tieren entwischt. Ich besitze 100 Schafe, eine ganze Menge, nicht wahr? Die geben herrliche Wolle, die ich auf dem Markt verkaufe. Mein Hirte ist sehr sorgfältig, wenn er mit den Hütehunden auf die Tiere aufpasst. Aber neulich habe ich doch einen gehörigen Schrecken bekommen: Da kommt er eines Abends heim, zuckt mit den Schultern und sagt: „Eines fehlt." Ich frage: „Wie, eines fehlt?" „Eins ist weg", antwortet er. „Ich habe sie wie immer gezählt, als ich sie in die Ställe gebracht habe. Es sind nur 99!" Ich bin sofort raus zu den Ställen gelaufen und habe die Tiere gezählt. Könnt ihr euch vorstellen, wie schwierig es ist, Schafe zu zählen und noch dazu so viele? Ich habe die Schafe wieder rausgetrieben und dann einzeln in die Ställe zurück. Es waren 99.

Ich war sehr zornig auf meinen Hirten. Hätte er nicht besser aufpassen können? Vor allem aber war ich traurig. Ich kenne jedes meiner Schafe. Jedes sieht ein bisschen anders aus. Ich kann sie gut unterscheiden. Es fehlte das kleine weiße mit dem schwarzen Ohr und den schwarzen Flecken am rechten hinteren Bein. Das Schaf war weg. Ich habe all meine Arbeiter zusammen gerufen und wir sind raus in die Berge gegangen, um es zu suchen. Als es dunkel wurde, sind die anderen heimgekehrt. Ich konnte nicht. Als die Sterne schon am Himmel zu sehen waren, weil es so dunkel war, war ich immer noch auf der Suche. Da, plötzlich hörte ich leises Wimmern. Da lag mein verlorenes Schaf unter einem Strauch! Ein Bein stand so komisch ab – es war bestimmt gebrochen. Ich nahm das Tier auf den Arm und trug es nach Hause. Sein Bein habe ich mit einem Stück Holz geschient. Ich bin so froh, dass ich es wieder habe. Hättet ihr es nicht genauso wie ich gemacht?

*Jesus hat einmal gesagt: So wie das Schaf gesucht und gefunden wurde, so sucht Gott die Menschen, die verloren gegangen sind. Wir sollen ihm bei der Suche helfen.*

# I. Thema

Es ist Gottes Wille, dass niemand verloren geht. Wie der Mensch dem verirrten Schaf in den Bergen nachgeht, so soll es auch in der christlichen Gemeinde geschehen. Was bedeutet das Verlorengehen und Wiederfinden von Menschen?

# II. Einordnung im Jahreslauf

Am 3. Sonntag nach Trinitatis steht das Wiederfinden des (in Sünde) verlorenen Menschen im Mittelpunkt.

# III. Erarbeiten

*Miteinander beten* (**M1** und **M2**)

*Miteinander reden*

Impuls        Ein Wollknäuel liegt in der Mitte. Die Kinder fühlen und riechen lassen. Was kann man damit machen?

*Gleichnis – Erzählung*

Gespräch    Die Kinder erzählen lassen, was sie schon einmal verloren haben, ob und wie sie es wiedergefunden haben.
Erzählen lassen, ob sie schon einmal verloren gegangen sind (z.B. beim Einkaufen, Spazieren gehen etc.).
Erzählen, dass Menschen auch „im Herzen" verloren gehen können (durch Streit, Unrecht und Ungerechtigkeit). Die Kinder nach ihren Erfahrungen fragen. Mit ihnen überlegen, wie sich Menschen „im Herzen" wiederfinden (durch Verzeihen, gegenseitige Achtsamkeit und Annahme).

Schlusswort  Wir alle gehören in Gottes große Gemeinschaft. Gott möchte, dass wir aufeinander Acht haben und einander suchen, wenn wir uns verloren haben.

*Miteinander kreativ sein*

Schafe mit Window-Color malen (**M3**)

*Miteinander feiern*

Hunderter-Spiele (**M4**)

*Miteinander singen*

Ich möcht', dass einer mit mir geht (MKL 82)

# Mt 18,21-35

*Vom Mann, der nicht vergeben wollte*

Ein König erzählt: König sein ist nicht immer einfach! Alles musst du entscheiden, für alles bist du zuständig. Du musst vernünftig sein und immer alles richtig machen. Gestern habe ich mich sehr über einen meiner Mitarbeiter geärgert. Ich hatte ihm vor vier Wochen Geld geliehen: 10000 Talente – 23 Millionen Euro. Ein Vermögen. Unvorstellbar viel Geld ist das! Ich hatte meine Kasse ganz schön geplündert! Aber er brauchte es für ein gutes Geschäft, das angeblich bald viel Gewinn abwerfen würde, und da habe ich es ihm gegeben. Doch als er es zurückzahlen sollte, konnte er es nicht. Da habe ich ihn fortgeschickt, er solle all sein Hab und Gut verkaufen, seine Frau und seine Kinder am besten gleich mit, und mit dem Geld zurückkommen. Da hat er sich vor mir auf den Boden geworfen, geschrien und gejammert! Da habe ich mich erweichen lassen und ihm seine Schulden erlassen. Das war eine ganz schöne Überwindung, aber ich habe es getan.

Einige Stunden später höre ich von anderen Bediensteten eine unglaubliche Geschichte: Man habe meinen königlichen Beamten gesehen, wie er auf der Straße einen Mann getroffen habe, der ihm ebenfalls Geld schuldete. 100 Denare schuldete er ihm, so ungefähr 40 Euro. Mein Beamter soll ihn gewürgt haben und die Bezahlung der Schuld gefordert haben. Und weil er es nicht konnte, hat er ihn sofort ins Gefängnis werfen lassen. Wegen umgerechnet 40 Euro und nachdem ich ihm 23 Millionen Euro erlassen hatte! Welche bodenlose Unverschämtheit! Ich habe ihn sofort zu mir bestellt und ihm das gesagt. Dann habe auch ich ihn ins Gefängnis werfen lassen. Dort soll er ewig schmachten!

*Jesus hat gesagt: Gott ist wie dieser König. Er vergibt uns unsere Fehler. Weil er uns vergibt, sollen auch wir anderen Menschen vergeben. Wenn wir ihnen noch nicht einmal ihre kleinen Fehler vergeben können, warum sollte uns Gott dann unsere großen Fehler vergeben?*

# I. Thema

Göttlicher Vergebungswille zieht menschliche Vergebungsbereitschaft nach sich. Wer die geringe Schuld des Mitmenschen nicht vergeben kann, weist damit Gottes Vergebung seiner viel größeren Fehler zurück. Wie erleben Kinder erleben Schuld und Vergebung?

# II. Einordnung im Jahreslauf

Zu allen Zeiten, besonders am Buß- und Bettag

# III. Erarbeiten

*Miteinander beten* (**M1** und **M2**)

*Miteinander reden*

Impuls          Schokoladen-Goldtaler liegen in der Mitte.

Gespräch       Die Kinder erzählen lassen, wie viel Geld sie besitzen, von wem sie Geld bekommen, was sie damit machen, etc. Haben sie schon einmal jemandem Geld geschuldet oder hat jemand ihnen Geld geschuldet?

*Gleichnis – Erzählung*

Erarbeiten, was der königliche Beamte falsch gemacht hat und wie er es hätte richtig machen können. – Überlegen, ob seine Strafe gerechtfertigt war. Ihnen den Vergleichspunkt Gott = König erklären. – Erarbeiten, dass Menschen einander nicht nur Geldschulden, sondern auch Fehler erlassen (d.h. vergeben) können. Die Kinder erzählen lassen, wann ihnen schon mal Schuld(en) erlassen/vergeben wurde(n) und wann sie selber Schuld(en) erlassen/vergeben haben.

Schlusswort    Gott vergibt uns unsere Schuld, wenn wir ihn darum bitten. Er möchte, dass wir das auch bei anderen tun.

*Miteinander kreativ sein*

Münzen malen (**M3**)

*Miteinander feiern*

Ein „Vergebungs-Feuer" entzünden (**M4**)

*Miteinander singen*

Mein Gott, das muss anders werden (MKL 24)

# MT 20,1–16

## Von den Arbeitern im Weinberg

Jakobus erzählt: Habt ihr euch auch schon einmal ungerecht behandelt gefühlt? Mir ging es gestern so. Ich war richtig zornig. Wie immer habe ich in unserem Dorf auf dem Marktplatz gesessen und auf Arbeit gewartet. Wer bei uns Arbeit sucht, wartet auf dem Marktplatz, bis jemand kommt, der dir für einen Tag Arbeit anbietet. Er nennt dir den Lohn, den er dir zahlen will, und du kannst entscheiden, ob du mitgehen willst oder nicht. Nach getaner Arbeit wird dir der Lohn ausgezahlt. So war es auch gestern: Einer unserer Weinbergbesitzer sprach mich und meinen Freund an und sagte: „Wollt ihr für einen Silber-Denar bei mir arbeiten?" Ich habe zugesagt, ein Silber-Denar sind immerhin 10 Drachmen und das ist viel Geld! Ich bin mit ihm in den Weinberg gegangen und habe gearbeitet.

Am Mittag kamen zwei andere Arbeiter dazu, am Nachmittag noch mal drei und sogar am Abend noch zwei. Ich hörte, wie sie darüber redeten, welchen Lohn der Herr ihnen wohl geben werde. „Ich will dir geben, was recht ist", hatte er nur gesagt. Im Kopf rechnete ich ein wenig herum: 10 Drachmen für einen ganzen Tag, 5 für den halben, dann vielleicht noch drei – und am Schluss bloß noch einen … Ja, so stellte ich mir das vor. Das fand ich gerecht.

Doch als die Arbeit beendet wurde und unser Herr den Lohn auszahlte, wurde ich eines Besseren belehrt: Jeder bekam den gleichen Lohn, einen Denar! Ich war erschrocken, nein zornig. Welche Ungerechtigkeit! Ich habe mich natürlich sofort beschwert. Doch was bekam ich zur Antwort? „Ich habe dir einen Denar versprochen, du warst damit einverstanden. Du hast den versprochenen Lohn bekommen. Warum beschwerst du dich? Ich kann doch selber entscheiden, wie ich meine Arbeiter bezahle. Oder bist du mir jetzt böse, weil ich gut zu den anderen bin?"

Da bin ich fortgegangen. Natürlich kann er entscheiden, wie er seine Arbeiter bezahlt. Und natürlich ist er zu den anderen Arbeitern gut gewesen, weil sie für ihr Geld viel weniger arbeiten mussten als ich. Aber ungerecht ist es trotzdem, findet ihr das nicht auch?

*Jesus hat gesagt: Gott ist wie der Weinbergbesitzer. Er verspricht allen, die zu ihm kommen, den gleichen Lohn. Er verspricht diesen Lohn den Kindern, den Erwachsenen und auch den Alten. Gott verspricht ihnen: Du darfst bei mir sein nicht nur, wenn du lebst, sondern auch, wenn du gestorben bist. Ich belohne dich mit einem Leben bei mir, das niemals aufhört.*

## I. Thema

In diesem Gleichnis lernen wir, dass sich niemand bei Gott etwas verdienen und durch bestimmtes Verhalten Anspruch auf Gottes Gnade ableiten kann. Gottes Gnade kann nur geschenkt werden. Göttliches und menschliches Gerechtigkeitsverständnis entsprechen einander nicht. Welche Erfahrungen machen Kinder mit Gerechtigkeit und Ungerechtigkeit?

## II. Einordnung im Jahreslauf

Am Reformationstag (31.Oktober); lesen Sie dazu Römer 3,21ff.

## III. Erarbeiten

*Miteinander beten* (**M1** und **M2**)

*Miteinander reden*

Impuls      Gummibärchen liegen in der Mitte und werden ungerecht verteilt. Reaktion der Kinder abwarten.

Gespräch      Was empfinden die Kinder als gerecht bzw. ungerecht?

*Gleichnis – Erzählung*

Wie hätten die Kinder auf die ungerechte Lohnverteilung reagiert? Mit ihnen erarbeiten, dass der Weinbergbesitzer in dem Sinne gerecht gehandelt hat, dass jeder das bekommen hat, was er zum Leben nötig hat. – Vertiefen, dass Gott wie der Weinbergbesitzer handelt. Er verspricht (als Lohn) allen Menschen, im Leben und im Tod bei ihnen zu sein. Dies gilt für den, der als Kind zu ihm kommt (= die ersten Arbeiter) wie für den, der erst als alter Mensch den Weg zu ihm findet (= die letzten Arbeiter).

Schlusswort      Wir können uns bei Gott nichts verdienen. Gott verschenkt seine Güte an jeden, der zu ihm kommt, ob Alt oder Jung.

*Miteinander kreativ sein*

Die Geschichte mit Playmobil-Männchen nachspielen (**M3**)

*Miteinander feiern*

Spiel: „Bärchen ärgere dich nicht" (**M4**)

*Miteinander singen*

Danket, danket dem Herrn (MKL 4)

# MT 24,42–44

## Vom wachsamen Hausherrn

Mirijam erzählt: Das ganze Dorf redet davon, wie sie neulich beim alten Schmuel eingebrochen haben. Der lag in tiefem Schlaf, als ein oder mehrere Einbrecher durch das Fenster eingestiegen sind, seine Vorräte in der Küche gestohlen und zu guter Letzt den Geldbeutel mit vier Drachmen mitgenommen haben. Das war immerhin sein Arbeitslohn von drei vollen Tagen! Armer Schmuel! Als er morgens aufwachte, war alles weg. Er hat getobt und gezetert! Aber was willst du gegen Einbrecher in der Nacht machen? Wenn du schläfst, dann schläfst du. Und in der Nacht musst du schlafen, sonst kannst du am Tag nicht arbeiten. Aber wenn Schmuel gewusst hätte, wann der Einbrecher kommt, dann hätte er hinter der Tür gelauert und ihn mit dem Feuerhaken geschlagen. Der hätte eine Beule gehabt und wäre schnell weggelaufen!

*Jesus hat zu seinen Jüngern gesagt: Der Einbrecher kommt zur unerwarteten Zeit. Auch ich werde einmal auf die Erde zurückkommen, wenn ihr mich nicht erwartet. Passt auf, denn ich komme plötzlich. Schlaft ihr dann wie Schmuel in der Nacht oder seid ihr für mich bereit?*

(Anm.: 1 Drachme = 3/4 Denar; Ein Denar ist ungefähr der Tageslohn eines Arbeiters)

# I. Thema

Die Menschen müssen stets für die mögliche Wiederkunft Jesu bereit sein. Er kann zu jeder Zeit kommen (wie ein Dieb in der Nacht) und die Menschen überraschen, die nicht darauf vorbereitet sind. Was es bedeutet, für Gott wachsam zu sein, soll hier mit Kindern erarbeitet werden.

# II. Einordnung im Jahreslauf

Am Ende des Kirchenjahres

# III. Erarbeiten

*Miteinander beten* (**M1** und **M2**)

*Miteinander reden*

Impuls      „Diebesausrüstung": Schlüsselbund, Taschenlampe, Tuch oder Mütze etc. liegen in der Mitte.

Gespräch      Die Kinder raten lassen, wer eine solche Ausrüstung braucht. Haben sie Erfahrung mit Einbrüchen/Dieben?

*Gleichnis – Erzählung*

Was wäre, wenn wir aus Angst vor Einbrechern nicht mehr schlafen würden? – Erarbeiten, was Wachsamkeit in Blick auf eine Wiederkunft Christi für uns bedeutet: nicht Schlaflosigkeit in der Nacht, sondern ein Leben zu führen, das Gott gefällt. Was stellen sich die Kinder darunter vor? (s. Liedvorschlag) – Den Kindern sagen, dass wir nicht wissen und nicht berechnen können, wann Jesus auf die Erde zurückkommt, um Gottes Reich aufzurichten.

Schlusswort      Wir wollen Gott erwarten und so leben, wie er es sich von uns wünscht.

*Miteinander kreativ sein*

Fenster zum Aufklappen: Ich erwarte Gott– was sieht Gott, wenn er zu mir kommt? (**M3**)

*Miteinander feiern*

Die Eltern erwarten (**M4**)

*Miteinander singen*

Herr, bleibe bei uns (DKG 17)

# Mt 25,1–13

## Von den klugen und den dummen Jungfrauen

Seid ihr schon einmal zu einer Hochzeit eingeladen gewesen? Ich, Lydia, habe im Herbst die Hochzeit meiner Freundin mitgefeiert. Ich durfte eine ihrer zehn Brautjungfern sein. Bei uns ist es üblich, dass die Braut von ihrem Bräutigam zu Hause abgeholt wird. Als die Braut fertig geschmückt war, haben wir also auf ihn gewartet. Wir warteten und warteten … Er kam nicht. Es wurde dämmrig. Wir nahmen unsere Öllampen und gingen vor die Tür. Es wurde dunkel. Der Bräutigam kam immer noch nicht. Ich begann zu gähnen, ich wurde müde.

„Lasst uns noch etwas Öl für die Lampen kaufen", schlug ich vor, „sonst gehen sie aus, bevor der Bräutigam kommt." Doch nur vier von den Brautjungfern gingen mit. Die anderen sagten: „Das Öl wird schon reichen. Wir haben keine Lust mehr, aufzustehen. Geht ihr nur allein!" Als wir zurückkamen, stand der Mond hoch am Himmel und unzählige Sterne funkelten. Ich füllte meine Lampe mit Öl nach. Ich wickelte mich in mein warmes Wolltuch *(in ein warmes Wolltuch wickeln)* und setzte mich zu den anderen. Dann schlief ich ein.

Plötzlich wurde ich aus dem Schlaf gerissen. Musik *(mit zwei Klangstäben aus Holz aufeinander schlagen)* und laute Stimmen waren zu hören. In der Ferne war das Licht von Fackeln zu sehen. Der Bräutigam kam. Wir Brautjungfern standen auf. In den fünf Lampen der Mädchen, die kein Öl nachgekauft hatten, war das Licht erloschen.

„Schnell", riefen sie, „gebt uns etwas ab, der Bräutigam kommt!" – „Nein, das geht nicht", sagten wir. „Es reicht nicht für alle!" Da liefen sie los, um Öl zu kaufen. Inzwischen war der Bräutigam da. Die Tür wurde geöffnet, wir alle gingen mit ihm ins Haus hinein. Die Tür und die Fensterläden wurden geschlossen. Wenig später pochte es an der Tür und wir hörten Stimmen: „Lasst uns hinein! Wir Brautjungfern sind es, wir mussten nur noch Öl für unsere Lampen kaufen." Der Bräutigam schaute aus dem Fenster: „Ihr ward nicht da, als ich kam. Ich kenne euch nicht. Ihr könnt nicht mit uns feiern!" Da gingen sie traurig fort. Ich war darüber sehr erschrocken. Umso mehr habe ich mich gefreut, dass ich mitfeiern durfte!

*Jesus hat gesagt: Ich bin wie der Bräutigam. Irgendwann einmal werde ich auf die Erde zurückkehren. Wer auf mich gewartet hat, der darf mit mir leben. Wer nicht auf mich gewartet hat, muss ohne mich leben.*

## I. Thema

Am Ende aller Tage kommt Christus zurück, um sein Reich aufzurichten. Er nimmt alle zu sich, die auf ihn gewartet haben. Die Stunde seines Kommens ist ungewiss. Wer nicht wachsam bleibt, ist von der Feier des ewigen Lebens ausgeschlossen. Was bedeutet es, Gott im Alltag zu erwarten?

## II. Einordnung im Jahreslauf

Am Ende des Kirchenjahres. Wenn eine Hochzeit im Familien- oder Freundes-kreis gefeiert wird.

## III. Erarbeiten

*Miteinander beten* (**M1** und **M2**)

*Miteinander reden*

| | |
|---|---|
| Impuls | Ein Brautkleid o.ä. liegt in der Mitte. |
| Gespräch | Kinder erzählen von Erfahrungen zum Thema Hochzeit |

*Gleichnis – Erzählung*

Den Kindern vom Brauch erzählen, dass in Israel die Braut im Haus ihrer Eltern den Bräutigam erwartete, von ihm abgeholt und zur Feier in dessen Haus geführt wurde.
Mit ihnen den Vergleichspunkt Gott = Bräutigam,
wir = die klugen/dummen Brautjungfern erarbeiten.
Was bedeutet es, Gott zu erwarten? (Gott wichtig im eigenen Leben sein lassen; leben, wie er es möchte, d.h. also Gott, den Nächsten und auch sich selbst lieben).

Schlusswort   Gott möchte, dass wir auf ihn warten. Dann dürfen wir mit ihm feiern: hier im Leben und wenn wir gestorben sind.

*Miteinander kreativ sein*

1. Eine Öllampe basteln (siehe **M3**, S. 118)
2. Klebebild Brautpaar/ Festgäste (**M3**)

*Miteinander feiern*

Wir tanzen den Hochzeitstanz (**M4**)

*Miteinander singen*

Ich lade dich ganz herzlich ein (MKL 140, 1. Str.)

# Mт 25,14–30

## Von den anvertrauten Talenten

Jonathan erzählt: Alles habe ich falsch gemacht, alles! Dabei dachte ich mir, ich könne eigentlich nichts falsch machen, wenn ich das Geld vergraben würde. Ein Talent ist eine Menge Geld. Wollte unser Herr mich auf die Probe stellen? Wollte er sehen, dass ich mit dem Geld arbeiten, es vielleicht vermehren konnte, während er auf der Reise war? Die anderen zwei Knechte bekamen mehr, der eine fünf, der andere drei Talente. Er mochte sie lieber als mich.

Also, unser Herr ging auf die Reise und vertraute uns sein Vermögen an. „Was ist, wenn ich es verliere? Dann muss ich ihm das Geld aus eigener Tasche zurückzahlen", dachte ich. Also habe ich das gemacht, was andere auch manchmal tun: Ich habe das Geld im Garten vergraben. An einer Stelle, die nur ich kannte. Da konnte sich das Geld zwar nicht vermehren, aber es konnte auch nicht gestohlen werden oder verloren gehen.

Die anderen Knechte fingen sofort an, mit ihren Talenten Geschäfte zu machen. Sie handelten mit allem Möglichen. Kauften preiswert ein und verkauften teuer. Als unser Herr zurückkam, übergaben sie ihm viele Talente Geld mehr, als sie von ihm bekommen hatten. Sie wurden sehr gelobt. Der Herr versprach ihnen, dass sie in Zukunft noch mehr Geschäfte für ihn machen durften. Sie waren sehr stolz.

Ich ging in den Garten, grub mein Geld aus, gab es meinem Herrn und sagte: „Hier hast du es. Ich habe es vergraben, denn ich habe mich vor dir gefürchtet, falls ich es verliere. Du bist ein harter Mann und hättest mich bestraft, wenn mein Talent bei Geschäften verloren gegangen wäre!" Unser Herr wurde zornig. „Du hättest es wenigstens zur Bank bringen können, da hätte ich Zinsen bekommen! Du taugst nicht zum Geschäfte machen und deshalb nehme ich dir das Geld wieder weg. Pack deine Sachen und geh. Ich will dich nicht mehr sehen!" – Ja, so war das. Und nun stehe ich auf der Straße. Was soll nur werden?

*Jesus hat gesagt: Gott ist wie der reiche Herr und ihr seid wie die Knechte. Er vertraut euch viele Talente an, das sind eure Begabungen. Jeder von euch kann etwas besonders gut. Gott traut euch etwas zu. Traut auch ihr euch etwas zu und versteckt eure Begabungen nicht!*

(Anm.: 1 Talent = 6000 Denar; ein Denar ist ungefähr der Tageslohn eines Arbeiters)

## I. Thema

Gott begabt den Menschen und traut ihm zu, mit diesen Begabungen zu leben und zu „wirtschaften". Mit welchen Begabungen fühlen sich die Kinder durch Gott beschenkt? Wie setzen sie ihre Gaben ein?

## II. Einordnung im Jahreslauf

Zu Beginn des Kindergarten- und Schuljahres.

## III. Erarbeiten

*Miteinander beten* (**M1** und **M2**)

*Miteinander reden*

Impuls          Geldstücke/ -scheine liegen in der Mitte.

Gespräch     Kinder erzählen, von wem und für was sie Geld bekommen.

*Gleichnis – Erzählung*

Die Kinder erzählen lassen, welche Talente = Begabungen sie haben (die Sinne nicht vergessen!). Ihnen erzählen, dass Gott uns Menschen noch viele andere Begabungen schenkt: Aufeinander hören können, aufeinander achten, einander helfen, Recht schaffen, verzeihen, trösten, lieben können etc. Welche dieser Begabungen entdecken die Kinder an sich? Wann haben sie diese schon einmal eingesetzt bzw. durch einen anderen schon einmal selbst erlebt? Wie haben sie sich gefühlt?

Schlusswort   Gott schenkt uns unsere Begabungen. Diese Begabungen machen uns reich.

*Miteinander kreativ sein*

Farbdruck Hände und Füße (**M3**)

*Miteinander feiern*

Geschicklichkeitsspiele: „Das kann ich gut…" (**M4**)

*Miteinander singen*

Kinder können viele Sachen (MKL 145)

# Mk 4,3–8.13–20

## Vom Sämann

Ich bin Bauer und wohne in der Nähe vom See Genezareth. Eines Tages kam Jesus in unser Dorf und mit ihm ein paar junge Männer. Sie ließen sich am Dorfbrunnen nieder. Ich war neugierig und setzte mich dazu. Plötzlich sprach Jesus mich an: „Wie heißt du?" „Ich heiße Josephus", antwortete ich. „Was arbeitest du, Josephus?", fragte er weiter. „Ich bin Bauer", sagte ich. „Erzähl mir von deiner Arbeit. Erzähl mir, was du tun musst, damit das Korn auf deinen Feldern wächst!", forderte er mich auf. Ich war zuerst etwas unsicher. Die Arbeit eines Kornbauern kennt doch wohl jeder. Aber ich begann zu erzählen.

„Früh am Morgen nehme ich den Sack mit den Samenkörnern, gehe über das Feld und streue die Samenkörner aus. Dann nehme ich den Pflug und meine Eselin Sina und pflüge die Samen unter. Nicht alle Samenkörner können wachsen: Viele werden von den Vögeln gefressen. Manche Samenkörner werden auch von der Sonne verbrannt. Und manche Samenkörner fallen am Rand in die Dornen. Die kleinen Pflänzchen werden von den Dornen erstickt. Ich bin aber nicht traurig über diese verlorenen Samenkörner. Denn ich weiß: Noch viel mehr Samenkörner werden in fruchtbarem Boden aufgehen. Erst kürzlich habe ich mich über eine Ernte gefreut, die dreißigmal, nein sechzigmal, nein sogar hundertmal größer war als das, was ich durch die Vögel, die Sonne und die Dornen verloren hatte."

„Ich danke dir, Josephus", sagte Jesus zu mir und zu uns allen fuhr er fort: „Wie Samenkörner sind die Worte, die ich von Gott erzähle und unter den Menschen ausstreue. Viele von ihnen sagen: „Lass uns in Frieden mit Gott, er ist uns nicht wichtig!" Manche hören zu und denken an Gott, aber wenn es ihnen schlecht geht, sagen sie: „Gott hat uns im Stich gelassen. Nun will ich nichts mehr von ihm wissen." Und manche Menschen hören von Gott und vergessen ihn wieder, weil anderes für sie wichtiger ist. Das Wort Gottes geht verloren, es verbrennt, es erstickt wie manche Samenkörner. Aber es gibt auch Menschen, die Gottes Wort ernst nehmen und sich Gott anvertrauen. Sie sagen Gottes Wort weiter und tun Gutes. Sie sind wie eine große Ernte für mich. Das kann man sehen, wie es wächst und gedeiht – gerade so, wie man sehen kann, dass aus einem Samenkorn eine Pflanze wächst!"

Kurz darauf ist Jesus weitergezogen. Er wollte auch noch in anderen Dörfern von Gott erzählen. – Ja, so war das damals mit Jesus. Und wie war das jetzt mit der großen Ernte?

## I. Thema

Von Gott hören heißt nicht unbedingt: bei Gott bleiben. Gott mit seinem Wort kann im Alltag verloren gehen, so wie Samenkörner auf dem Feld gefressen, versengt oder erstickt werden. Menschen kann man es ansehen, ob Gottes Wort in ihnen aufgegangen ist. Darüber soll hier nachgedacht werden.

## II. Einordnung im Jahreslauf

Zur Erntezeit, Erntedankfest

## III. Erarbeiten

*Miteinander beten* (**M1** und **M2**)

*Miteinander reden*

Impuls        Samenkörner in die Mitte legen und erraten lassen.

Gespräch     Was geschieht von der Saat bis zur Ernte? Was tragen Gott und Mensch dazu bei?

            *Gleichnis – Erzählung*

            Erarbeiten, woran man Menschen erkennt, die *ohne* Gott leben (sagen: Gott gibt es nicht; Gott hat mir nichts zu sagen; Gott ist nicht da, wenn ich ihn brauche; ich habe keine Zeit für ihn etc.). – Erarbeiten, woran man Menschen erkennt, die *mit* Gott leben (sind fröhlich, weil sie sich von Gott geliebt wissen; verzeihen, weil ihnen Gott verzeiht; haben keine Angst, weil sie sich von Gott beschützt fühlen; beten, gehen zum Gottesdienst etc.).

Schlusswort  Es lohnt sich, Gott zu lieben, der sein Wort uns Menschen schenkt, der unserem Glauben Wurzeln schenkt, der uns stark macht und beschützt (siehe Lied unten).

*Miteinander kreativ sein*

Ein Bild mit verschiedenen Samenkörnern gestalten (**M3**)

*Miteinander feiern*

Wir feiern ein Erntefest (**M4**)

*Miteinander singen*

Es lohnt sich, Gott zu lieben (Liedanhang, S.125)

65

# Mk 4,30–21

*Vom Senfkorn*

Wo schlafen nachts die Vögel? Bei Simon im Garten! Die Vögel lieben seinen Garten. Im Frühling erntet er dort Melonen und Tomaten. Aber am meisten wächst dort Senf. Wir kennen Senf fertig aus dem Glas oder aus der Tube, aber bei Simon wachsen die Senfpflanzen aus der Erde. Er sät Samenkörner, aus denen große Pflanzen mit Hunderten von Senfkörnern wachsen. Die erntet er und verkauft sie. Aus den Senfkörnern wird mit Essig Senf gemacht. Die Vögel lieben Simons Senfstauden. Wenn die Senfstauden groß gewachsen sind, sitzen die Vögel in ihren Zweigen im Schatten und ruhen sich aus.

*Jesus hat einmal gesagt: Wie die Senfpflanze aus einem kleinen Samenkorn wächst und groß wird, so ist es mit Gottes Königreich hier auf der Erde: Zuerst wissen nur ganz wenige Menschen von Gott. Aber die Zeit vergeht. Und immer mehr Menschen hören von Gott und erzählen alles weiter, was sie von ihm wissen. Immer mehr Menschen wollen Gottes Freunde sein und mit ihm leben. Gottes Königreich ist noch klein hier auf der Erde so wie ein winziges Samenkorn. Bald aber wird es riesengroß sein.*

Tobias, 7 Jahre

## I. Thema

Was zuerst unscheinbar und kraftlos wirkt, birgt ungeahnte Kraft in sich: Gottes Herrschaft auf der Erde wird wachsen, so wie Menschen es niemals für möglich halten. Welche Erfahrungen Kinder mit dem Thema „erst klein – dann groß" haben, soll hier mit ihnen erarbeitet werden.

## II. Einordnung im Jahreslauf

Zur Zeit der Frühjahrsaussaat

## III. Erarbeiten

*Miteinander beten* (**M1** und **M2**)

*Miteinander reden*

| | |
|---|---|
| Impuls | Senfkörner (Reformhaus) liegen in der Mitte. Die Kinder raten lassen, welche Pflanze aus ihnen wächst. |
| Gespräch | Den Kindern Senfkörner und gekeimte Senfkörner zeigen (legen Sie Senfkörner auf Erde und bedecken Sie diese mit wenig Erde. Wenn sie feucht gehalten werden, keimen sie nach drei Tagen. Sie schmecken gut im Salat!). Den Kindern erzählen, dass in Israel der „schwarze Senf" wächst (Same 1 mm), dessen Stauden bis zu 3 m groß werden. |

*Gleichnis – Erzählung*

Die Kinder fragen, was sie gern werden möchten, wenn sie groß sind. Was würden sie gern tun und bekommen gesagt: „Dafür bist du noch zu klein!" – Mit ihnen erarbeiten, woran sie sehen können, dass Gottes Reich wächst (siehe dazu S. 64f.: Vom Sämann). Was können sie dafür tun?

| | |
|---|---|
| Schlusswort | Gottes Reich wächst und wird immer größer. Wir können dabei helfen. |

*Miteinander kreativ sein*

Wir machen Senf! (**M3**)

*Miteinander feiern*

Wiener Würstchen mit Senf essen (**M4**)

*Miteinander singen*

Alles muss klein beginnen (DKG 46)

# Lk 10,31–37

*Vom barmherzigen Samariter*

In der Sonne liegen ohne Schatten; die Zunge klebt am Gaumen: die Fliegen setzen sich immer und immer wieder auf deine Nase, sss…; sie kitzeln dich und du kannst sie nicht verscheuchen, weil dir alles weh tut. Angst hast du und schreckliche Schmerzen von den vielen Wunden. Angst hast du vor den wilden Tieren, die in der Nacht kommen und sich über dich hermachen könnten … – Ja, so ist es mir gegangen und ich erzähle euch davon, weil meine Geschichte nicht nur einen schrecklichen Anfang, sondern auch ein gutes Ende genommen hat. Mein Name ist übrigens Joshua.

Es ist schon ein paar Jahre her, da war ich mit meinem Esel auf dem Weg von Jerusalem nach Jericho. Das ist ein Tagesmarsch, eine ganz schöne Strecke! Plötzlich, ich ahne nichts Böses, stürzen sich drei Kerle auf mich, reißen mich vom Esel, schlagen mit Holzknüppeln auf mich ein, stehlen mir meinen Geldbeutel und meinen Esel mit allen Einkäufen, zerren mich ins Gebüsch und lassen mich dort liegen. Ich denke: Das ist mein Ende!

Nach einer Weile höre ich Schritte. Voller Hoffnung öffne ich die Augen. Ich sehe einen Priester, der geradewegs aus Jerusalem kommt. Er bleibt einen kurzen Augenblick stehen, dann werden seiner Schritte schneller und leiser … – weg ist er. Nach ein paar Stunden höre ich wieder Schritte. „Hilfe!", rufe ich, „Hilfe!" Doch auch dieser Mann, ein Diener im Tempel in Jerusalem, geht einfach an mir vorüber.

Die Sonne ist schon fast untergegangen, meine Verzweiflung unbeschreiblich, da höre ich wieder Geräusche: Ein Pferd, nein ein Esel. Und ein Mann, der stehen bleibt! Er beugt sich über mich. „Du armer, armer Mann!", sagt er. Er nimmt Baumwolltücher, Wein, mit dem er meine Wunden reinigt, und Öl aus seiner Satteltasche. Nachdem er meine Wunden versorgt hat, packt er mich mit beiden Armen und legt mich über seinen Esel. Vor Schmerzen werde ich bewusstlos. Als ich wieder aufwache, liege ich in einem Bett. Eine Frau, die neben meinem Bett steht, läuft weg und ruft: „Er ist aufgewacht, er ist aufgewacht!"

Ja, der fremde Mann hatte mich in eine Herberge gebracht und, wie man mir erzählte, die Nacht an meinem Bett verbracht und auf mich aufgepasst. Am nächsten Morgen hatte er dem Wirt zwei Geldstücke gegeben, damit der mich gesund pflegen sollte. Ich habe den Mann nie wiedergesehen. Ohne ihn wäre ich bestimmt nicht mehr am Leben. Er war ein Fremder, ein Samaritaner, so erzählten sie mir, einer von denen, von denen wir uns gern fern halten. Aber dieser Fremde war mir der Allernächste, er war mein Retter.

# I. Thema

Es ist der Fremde, der Samaritaner (siehe auch S. 36), der wahre Menschlichkeit beweist und dem Verletzten zum Nächsten wird. – Wer ist den Kindern der Nächste und wem sind sie der Nächste?

# II. Einordnung im Jahreslauf

Wenn über Sozialverhalten nachgedacht werden soll, z.B. am Beginn eines Kindergarten- oder Schuljahres.

# III. Erarbeiten

*Miteinander beten* (**M1** und **M2**)

*Miteinander reden*

Impuls        Verbandszeug (Kinderarztkoffer) liegt in der Mitte.
              Mit den Kindern überlegen, was wofür gebraucht wird.

Gespräch      Von den Kindern erzählen lassen: Welche Krankheiten und
              Verletzungen hatten sie schon? Wer hat sie gepflegt?

              *Gleichnis – Erzählung*

              Mit den Kinder überlegen, wer im Gleichnis wem der Nächste
              war. Sie überlegen lassen, ob auch sie schon einmal erlebt
              haben, dass einer, den sie eigentlich überhaupt nicht kennen
              oder mögen, ihnen ganz nahe gewesen ist und ihnen geholfen
              hat. Mit ihnen darüber nachdenken, wem sie schon einmal
              geholfen haben und dadurch zum Nächsten geworden sind.

Schlusswort   Gott schenkt uns Menschen, die uns helfen. Er schenkt uns
              Menschen, die uns ganz nah sind. Er möchte, dass auch wir
              anderen helfen und ihnen zum Nächsten werden.

*Miteinander kreativ sein*

Bastelvorlage: „Das bin ich und das ist mein Nächster" (**M3**)

*Miteinander feiern*

Wir verschenken einander: Heute bin ich dein Nächster! (**M4**)

*Miteinander singen*

Einander brauchen (DKG 120)

# Lk 11,5–9

## *Vom bittenden Freund*

Seid ihr schon mal nachts im Schlaf gestört worden? Da erschreckt man sich fürchterlich, nicht wahr?! Mir ist es neulich so gegangen. Ich heiße übrigens Thomas und wohne in einem kleinen Dorf in der Nähe vom Meer. Wenn es nachts ganz still ist, kann ich die Wellen rauschen hören und oft schnuppre ich salzige Luft. Ich habe ein kleines Häuschen und da lebe ich mit meiner Frau und meinen vier Söhnen. In unserem Dorf kennt jeder jeden. Man trifft sich auf der Straße und auf den Feldern. Die Kinder spielen zusammen. Es ist wunderbar.

Aber eines Nachts habe ich mich furchtbar erschrocken. Wir schliefen schon alle auf unseren Matten, denn wir waren müde von unserem Tagewerk. Wie immer hatte ich unsere Haustür fest verschlossen. An unserer Tür sind große Ringe angebracht, durch die ich einen dicken Holzbalken ziehen muss. Erst dann ist die Tür richtig zu. Das ist mühsam und ich bin immer froh, wenn diese Arbeit abends erledigt ist. „So, ihr wilden Tiere, ihr müsst draußen bleiben. Sonne, schlaf gut, ich schlaf auch gut …", habe ich mir an jenem Abend gesagt.

Plötzlich wird es laut. Ich schrecke aus dem Schlaf hoch; mit lauten Schlägen donnert es gegen die Tür. „Mach auf, Thomas, ich bin es, Micha! Ich habe Besuch bekommen. Ein Freund kehrt zur Nacht bei mir ein. Er ist müde und er hat großen Hunger. Ich brauche drei Brote von dir, ich habe selber nichts mehr!" Und das mitten in der Nacht, unglaublich! Nun müsst ihr wissen, dass es bei uns im Dorf üblich ist, einander mit Essen auszuhelfen. Wir müssen doch zusammenhalten. Wir haben keine Geschäfte, in denen wir einkaufen. Und wenn du merkst, dass dir etwas fehlt, dann gehst du eben zum Nachbarn. Aber mitten in der Nacht? „Bitte, Thomas, ich bitte dich herzlich, öffne die Tür!" – „Wir schlafen, es geht nicht. Du weißt, was es für einen Krach macht, den Balken aus der Tür zu schieben und sie zu öffnen. Die Kinder werden wach. Komm morgen wieder!", habe ich gerufen. Doch er hat nicht locker gelassen. Schließlich habe ich ihm die Tür doch aufgemacht. Nicht nur, weil er mein Freund ist, sondern auch, weil er so hartnäckig war. *Ich* hätte mich das nicht getraut, so mitten in der Nacht!

## I. Thema

Der Mensch, der es wirklich mit Gott zu tun bekommen will, muss Bittender, Suchender und Anklopfender werden. Dann antwortet ihm Gott mit seinem Handeln. Welche Antworten Kinder auf ihr Bitten, Suchen und Anklopfen in ihrem Leben bekommen, soll mit diesem Gleichnis erarbeitet werden.

## II. Einordnung im Jahreslauf

5. Sonntag nach Ostern, „Rogate" = Betet!

## III. Erarbeiten

*Miteinander beten* (**M1** und **M2**)

*Miteinander reden*

Impuls       Drei kleine Fladenbrote liegen in der Mitte.

Gespräch      Woher bekommen die Kinder ihr Brot? Wann und wie viel Brot essen sie täglich? Erzählen, dass zur Zeit Jesu drei Fladenbrote die übliche Mahlzeit eines Erwachsenen waren.

*Gleichnis – Erzählung*

Die Kinder 1. allgemein nach ihren Erfahrungen bzgl. Besuchen und Anklopfen fragen. 2. Wann haben sie sich schon einmal etwas *sehr* gewünscht, „gebettelt"? Sind ihre Wünsche in Erfüllung gegangen?
Den Kindern den Vergleichspunkt Gott = *Thomas* und *anklopfen und bitten = beten* erklären. Welche Erfahrungen haben die Kinder mit dem Beten? „Nützt" beten?

Schlusswort   Gott hört es, wenn wir zu ihm beten. Er erfüllt uns viele, aber nicht alle Wünsche. (Er ist nicht wie ein Automat).

*Miteinander kreativ sein*

Fladenbrote basteln (**M3**)

*Miteinander feiern*

Fladenbrot backen und miteinander teilen (**M4**)

*Miteinander singen*

Gott ist mitten unter uns (LzU 35)

# Lk 12,16–21

## Vom reichen Kornbauern

Heute will ich euch von Micha erzählen. Micha war Bauer und hatte große Felder mit Melonen, Auberginen, Tomaten und Getreide. Da steckte eine Menge Arbeit drin und das Wort „Feierabend" kannte er gar nicht. Für Freunde hatte er keine Zeit und eine Frau hatte er auch nicht. Ja, er wollte sich später eine Frau suchen – wenn er Zeit haben würde. Er hatte sich ein schönes Haus gebaut mit einer fantastischen Dachterrasse. Da lag er in warmen Nächten und schaute in die Sterne. Manchmal dachte er: „Ich möchte so viel Geld haben, wie Sterne am Himmel stehen. Da müsste ich mir nie mehr Sorgen machen und könnte in Ruhe alt werden." Seine Getreideernte im letzten Jahr war wieder großartig. Regen und Sonne kamen zur rechten Zeit und hatten alles wachsen lassen. Seine Feldarbeiter hatten viel zu tun und er hatte bald festgestellt, dass er gar nicht genug Platz für all das Korn hatte. Wohin damit? Da sagte er zu sich: „Ich reiße meine alten Scheunen einfach ab und baue neue riesengroße Scheunen für all meine Vorräte. Wenn nächstes Jahr eine schlechte Ernte ist, kann ich mein Korn doppelt so teuer weiter verkaufen. Ach herrlich, das gibt noch mehr Geld!"

So dachte Micha. Doch es kam alles anders. In der Nacht hörte er eine Stimme. Gott sprach zu ihm im Traum: „Du bist ein Narr!", sagt er. „Heute Nacht wirst du sterben. Was nützt dir da dein Besitz?" Am nächsten Morgen lag Micha tot im Bett.

*Jesus hat gesagt: So kann es dem gehen, der viel Geld besitzen will. Gott möchte, dass wir andere Schätze sammeln: Wer abgeben und teilen kann, wer Zeit für Freunde, Familie und Gott hat, der ist für Gott wirklich reich.*

# I. Thema

Was braucht der Mensch zum Leben? Das „Haben" und der Ehrgeiz, immer mehr erreichen zu wollen, verstellen dem Menschen oft den Blick für das Wesentliche: das Leben in seiner Begrenzung, in dem nicht nur das „Haben", sondern auch das „Sein" zählt. Dieses Sein mit Blick auf Gott und Mensch ist wahrer Reichtum. Darüber soll hier nachgedacht werden.

# II. Einordnung im Jahreslauf

Erntedankfest

# III. Erarbeiten

*Miteinander beten* (**M1** und **M2**)

*Miteinander reden*

| | |
|---|---|
| Impuls | Schokoladentaler in Goldfolie liegen in der Mitte. |
| Gespräch | Die Kinder nach ihren Finanzen (Taschengeld, Geldgeschenke etc.) fragen. Wofür geben sie und ihre Eltern Geld aus? Was würden sie sich gern leisten können? Was heißt für sie „reich sein"? |

*Gleichnis – Erzählung*

Wie hätte Micha leben sollen? (Felder verkaufen/verschenken, d.h. weniger Platzsorgen, weniger Arbeit, mehr Zeit für Familie, Freunde und Gott)
Erarbeiten, dass Reichtum mehr als Geld und materielle Sorglosigkeit bedeutet. Dass dieser auch Begabungen, gute Eigenschaften, Gesundheit, Zufriedenheit, Geliebt-Werden, Freunde und Familie bedeutet.

| | |
|---|---|
| Schlusswort | Wer abgeben und teilen kann, wer Zeit für Freunde, Familie und Gott hat, der ist wirklich reich. |

*Miteinander kreativ sein*

Mein (Geld-)Beutel: Was mich wirklich reich macht (**M3**)

*Miteinander feiern*

Mit Eltern und Geschwistern das Leben feiern (**M4**)

*Miteinander singen*

Menschenbrückenlied (LzU 73)

# Lk 14,16–24

*Vom großen Abendmahl*

Habt ihr schon einmal jemanden eingeladen und er ist nicht gekommen? Das ist ein schreckliches Gefühl! Mir ist das vor einem halben Jahr so gegangen. Taddäus ist mein Name. Ich habe ein gut gehendes Geschäft und sagte mir: Schau nicht aufs Geld, mach mal ein Fest und lade deine Geschäftspartner und deine Freunde ein! Wir braten einen Ochsen, trinken den jungen Wein, der gerade im Fass liegt, und lassen es uns richtig gut gehen. Meinen Knecht habe ich ausgeschickt, um die Einladungen zu überbringen. Ich habe zu Hause alles vorbereiten lassen, drei Tage haben meine Köche und Mägde gearbeitet. Ich habe mir ein Festgewand angezogen und gewartet. Dann habe ich meinen Knecht erneut geschickt, um zu sagen: „Es ist alles bereit, ihr könnt kommen!" Lange geschah nichts. Dann kam mein Knecht zurück, allein und ohne Gäste. „Simon kann nicht kommen, er hat einen Acker gekauft und will ihn sich anschauen. Er schickt dir einen Gruß, er käme ein andermal", sagte er. „Omri lässt sich auch entschuldigen. Er hat sich Ochsen gekauft und wird sie jetzt gleich abholen und nach Hause bringen. Er meint, es könnte spät werden." Und er erzählte von Nimrod, der sich entschlossen habe, zu heiraten. Es täte ihm Leid, aber für mein Fest hätte er wirklich keine Zeit. Und so ging es weiter und weiter. Ein Buch könnte ich füllen mit den dummen und lieblosen Ausreden meiner Gäste. Sie hatten einfach keine Lust, zu mir zu kommen. Ich war enttäuscht und zornig. Derweil drehte sich der Ochse neben mir auf dem Feuer und es duftete so wunderbar, dass ich mir dachte: „Sollen sie doch bleiben, wo sie sind! Das Fest lass ich mir nicht verderben!" Und dann schickte ich meinen Knecht erneut aus und sagte ihm: „Geh in die Stadt, auf den Marktplatz und in die Straßen. Und lade die ein, die da herumsitzen: Die Blinden, die Lahmen und die Verkrüppelten, die Armen und die, die keine Arbeit haben. Lade die ein, mit denen keiner etwas zu tun haben möchte!" Und so geschah es. Mein Haus wurde voll. Das war eine Freude bei meinen Gästen! Ihre Augen leuchteten und ihre knurrenden Mägen wurden bald gesättigt. Eines weiß ich genau: Die anderen Gäste, die nicht kommen wollten, lade ich jedenfalls nie wieder ein!

*Jesus sagt: Wie Taddäus lädt Gott uns zu sich ein und möchte das Leben mit uns feiern. Er ist enttäuscht und zornig, wenn wir nicht kommen. Er ist traurig, wenn wir sagen, dass wir unser Leben ohne ihn verbringen möchten. Dann möchte er irgendwann auch ohne uns leben. Das wäre für uns sehr schlimm.*

# I. Thema

Gott lädt großzügig Menschen in sein Reich ein. Einmal wird aber der Tag kommen, an dem die Einladung aufgehoben wird und es für ein Kommen zu spät sein wird. Wer Gottes Einladung, mit ihm das Leben zu feiern, nicht annimmt, wird auch im Tod ohne ihn auskommen müssen. Was für Erfahrungen machen Kinder mit Einladungen?

# II. Einordnung im Jahreslauf

Zu allen Zeiten

# III. Erarbeiten

*Miteinander beten* (**M1** und **M2**)

*Miteinander reden*

Impuls  In der Mitte liegt eine Kindergeburtstags-Einladungskarte.

Gespräch  Von wem sind die Kinder wozu schon einmal eingeladen worden und wen haben sie wozu schon einmal eingeladen? Sind alle gekommen?

    *Gleichnis – Erzählung*

    Wie hat sich Taddäus nach der Absage der Gäste gefühlt und verhalten?
    Den Vergleichspunkt Taddäus = Gott erarbeiten.
    Was bedeutet es, von Gott zum „Fest des Lebens" eingeladen zu sein? (Schöpfung genießen, schmecken, riechen, hören, atmen, fühlen, denken können; Familie und Freunde haben; spielen und lernen können, sich von Gott begleitet wissen; beten, bitten, danken und klagen können etc.)

Schlusswort Gott will mit uns das Leben feiern. Wir wollen seine Gäste sein.

*Miteinander kreativ sein*

Wir kleben das Feuer, auf dem der Ochse brät (**M3**)

*Miteinander feiern*

Wir feiern das Leben miteinander und Gott in unserer Mitte (**M4**)

*Miteinander singen*

Du hast uns, Herr, gerufen (LzU 15)

# Lk 15,8–10

## Von der verlorenen Drachme

Susanna erzählt: Ich bin ziemlich schusslig. Wisst ihr, was das ist? Ich lege Sachen an einen Ort und finde sie nicht wieder. Ich lasse den Topf über dem Feuer kochen und merke nicht, dass er anbrennt. Ich vergesse, dass ich mich mit meiner Freundin verabredet habe. Ich lasse den Wasserkrug in der Sonne stehen, bis er warm ist und das Wasser nicht mehr schmeckt. Und so weiter und so weiter. Das unangenehmste Missgeschick ist mir heute Morgen passiert: Ich habe Geld verloren. Zehn Drachmen, so heißt unser Geld, lagen auf meinem Tisch. Zehn Drachmen sind ein Silber-Denar. Ich hatte sie erst gestern gezählt und wusste es deshalb so genau. Als ich sie in meinen Geldbeutel steckte, waren es auf einmal nur noch neun. Eine Drachme fehlte! Ich habe alles wieder ausgeschüttet und noch einmal gezählt: Es waren wieder nur neun. Hatte mir einer die Münze gestohlen? Nein, das konnte nicht sein. Mir ist ganz heiß geworden vor Schreck, denn ich habe nicht viel Geld zum Leben und kann auf keine Drachme verzichten. Überall habe ich nachgeschaut. Nichts! Da hatte ich eine Idee: Ich nehme meinen Besen und fege mein Haus gründlich aus! Ich habe meine größte Öllampe angezündet, damit ich gut sehe, denn in meinem Haus gibt es keine Fenster. Und tatsächlich: Auf einmal klimpert es auf meinem felsigen Fußboden und die Münze rollt aus einer Ecke hervor. Ihr könnt euch nicht vorstellen, wie froh ich war! Ich habe meine Freundinnen und Nachbarinnen geholt und habe ihnen gesagt: „Freut euch mit mir, denn ich habe meine Drachme wiedergefunden!" Wir haben getanzt und gelacht. – Hättet ihr nicht auch alles unternommen, um das Geld wieder zu bekommen?

*Jesus hat gesagt: So wichtig wie die verlorene Drachme der Frau gewesen ist, so wichtig sind wir Menschen für Gott.*
*Wenn einer etwas falsch macht und das bedauert; wenn einer von Gott nichts mehr wissen will und doch wieder zurückkommt, dann freut sich Gott mit den Engeln im Himmel so sehr wie Susanna über das wiedergefundene Geldstück.*

# I. Thema

Gott hört nicht auf, uns Menschen zu suchen. Er hört nicht auf, sich zu freuen, wenn wir zu ihm (zurück)kommen. Suchen und Wiederfinden ist auch für Kinder ein Thema. Dass nicht nur materielle Güter verloren und wiedergefunden werden, sondern auch Menschen, ist hier zu erarbeiten.

## II. Einordnung im Jahreslauf

Am 3. Sonntag nach Trinitatis, an dem das Wiederfinden des (in Sünde) verlorenen Menschen Thema ist.

## III Erarbeiten

*Miteinander beten* (**M1** und **M2**)

*Miteinander reden*

Impuls        Eine Kerze oder Öllampe, verschiedene (ausländische) Münzen liegen in der Mitte.

Gespräch    Mit den Kindern die verschiedenen Münzen entdecken.

*Gleichnis – Erzählung*

Eigene Erlebnisse vom Verlieren und Wiederfinden erzählen lassen. – Erarbeiten, dass nicht nur Sachen, sondern auch Menschen verloren gehen, z.B. durch Verirren (im Wald), durch Streit, durch Unrecht. Erarbeiten, wie solche Menschen wiedergefunden werden können (durch Suchen im Wald, durch Versöhnung, durch Wiedergutmachung).

Schlusswort    Sachen gehen verloren und Menschen gehen verloren. Wenn wir Fehler eingestehen und Unrecht beseitigen, wenn wir verzeihen und wieder gut zueinander sind, ist das so, als ob wir wieder gefunden werden: von den Menschen und von Gott. Gott freut sich darüber.

*Miteinander kreativ sein*

Wir basteln Susannas Öllampe (**M3**)

*Miteinander feiern*

Susanna tanzt mit ihren Freundinnen den Freudentanz (**M4**)

*Miteinander singen*

Du verwandelst meine Trauer in Freude (MKL 9)

# Lk 15,11–32

*Vom verlorenen Sohn*

Ein Vater erzählt: Gott hat mich mit zwei Söhnen reich beschenkt, auch wenn es nicht immer einfach mit ihnen ist! Ich habe einen großen Hof mit vielen Knechten und Mägden. Eines Tages kam mein jüngster Sohn und sagte: „Was soll ich warten, bis du stirbst und die Hälfte des Hofes mir gehört? Gib mir jetzt schon, was mir zusteht! Ich will die Welt erobern und brauche Geld." Ich war traurig. Warum war mein Sohn so hart? Doch was sollte ich machen? Ich zahlte ihn aus und er zog fort. Wie gut, dass ich noch meinen Ältesten hatte! Nachts, wenn es keiner sehen konnte, habe ich oft geweint um meinen „verlorenen" Sohn. Viele Monate später, ich stand gerade vor der Tür, da sah ich in der Ferne einen Mann in meine Richtung gehen. Ich erkannte ihn schon an den Umrissen und am Gang. Es war mein jüngster Sohn. Ich rannte los, ihm entgegen und war erschrocken, wie er aussah: zerlumpt, schmutzig, schwarze Ringe unter den Augen und abgemagert. Er fiel vor mir zu Boden. „Verzeih mir, Vater!", sagte er und begann zu weinen. „Ich kann nicht mehr dein Sohn sein nach dem, was ich dir angetan habe. Doch lass mich dein Knecht sein und für dich arbeiten!" Nun weinten wir beide. Von wegen Knecht! Mit einem Festgewand und einem Ring ließ ich ihn schmücken und Schuhe bekam er auch. Das war ein Zeichen, dass er kein Knecht, sondern ein freier Mann war. Ein großes Fest ließ ich für ihn ausrichten. Unser schönstes Kalb wurde geschlachtet und gebraten. Beim Essen erzählte er mir, dass es das ganze Geld mit falschen Freunden verprasst hatte; dass er als Schweinehirte arbeiten musste und nicht einmal Schweinefutter zu essen bekam; dass er da überlegt habe, wieder nach Hause zu kommen und um Verzeihung zu bitten. Mein älterer Sohn wollte zuerst nicht mit uns feiern. Er fand mich ungerecht. Schließlich hatte er die ganze Zeit treu mit mir gearbeitet und nie hatte ich ein Fest für ihn gegeben. Aber ich habe ihm gesagt, dass ich ihn sehr liebe und dass alles, was ich besäße, auch ihm gehören würde.

Könnt ihr euch vorstellen, wie froh ich bin? Mein Sohn war verloren und nun habe ich ihn wiedergefunden!

## I. Thema

Verloren gehen für Gott durch die Überzeugung, das Leben ohne ihn meistern zu können. Dann doch mit Zutrauen in seine geöffneten Arme zurückkehren und willkommen sein – das ist das Thema dieses Gleichnisses. Auch Kinder machen die Erfahrung, dass Menschen verloren gehen.

## II. Einordnung im Jahreslauf

Am 3. Sonntag nach dem Trinitatisfest steht das Wiederfinden des (in Sünde) verlorenen Menschen im Mittelpunkt.

## III. Erarbeiten

*Miteinander beten* (**M1** und **M2**)

*Miteinander reden*

Impuls        Papier und/oder Stofftaschentücher liegen in der Mitte.

Gespräch     Wann brauchen Menschen Taschentücher? Mit den Kindern erarbeiten, dass Tränen aus Schmerz aber auch aus Freude geweint werden können.

*Gleichnis – Erzählung*

Die Kinder erzählen lassen, ob sie schon einmal verloren gegangen sind. Mit ihnen erarbeiten, dass Menschen durch falsches Verhalten und Streit verloren gehen können; dass Menschen durch Versöhnung und Aufeinander-Zugehen wiedergefunden werden können. Sie von ihren Erfahrungen erzählen lassen. Was bedeutet für sie, etwas falsch zu machen? Ist es einfach, Fehler einzugestehen?

Schlusswort   Gott ist wie ein guter Vater oder eine gute Mutter zu uns. Wenn wir etwas falsch machen, dürfen wir ihm das sagen. Gott freut sich über jeden, der zu ihm (zurück)kommt.

*Miteinander kreativ sein*

Wir basteln ein Mobile aus den Freudentränen des Vaters (**M3**)

*Miteinander feiern*

Das Festmahl im Haus des Vaters (**M4**)

*Miteinander singen*

Der Herr lädt uns an seinen Tisch (LzU 11)

# Lk 16,19–31

*Vom reichen Mann und armen Lazarus*

Lazarus ist mein Name. Wisst ihr, was das heißt? Das heißt: „Gott hilft". Und wirklich: Gott hat mir geholfen, nur anders, als ich gedacht habe. In meinem Leben hatte ich es sehr schwer. Eine Krankheit mit juckenden Geschwüren hat mich geplagt. Ich konnte nicht mehr arbeiten, kein Geld mehr verdienen, kein Essen kaufen. Ich hatte Hunger. Wenn du richtig Hunger hast, bist du dir zum Betteln nicht zu schade. Ich habe Gott angebettelt: „Bitte, mach mich gesund!" Ich habe meinen reichen Nachbarn angebettelt. Der hatte so viel Geld, dass er nicht arbeiten musste. Er war immer sehr schick gekleidet. Aus Purpur, das sonst nur Könige tragen, war sein Obergewand und aus kostbarstem Leinen sein Unterkleid. Oft saß er mit seinen Freunden zu Tisch und oft fielen Brotfladen hinunter, die sie beim Essen in die große Schüssel tauchten oder mit denen sie sich die Hände abwischten. Die streunenden Hunde zankten sich um das Brot. Ich wollte auch etwas davon abhaben. Die Hunde aber knurrten mich an, als ob sie sagen wollten: „Hau ab, du hast hier nichts zu suchen!" Sie leckten meine Geschwüre. Es war schrecklich. Meinem Nachbarn war ich gleichgültig und so bin ich meistens hungrig geblieben.

Irgendwann bin ich an meiner Krankheit gestorben. Die Engel haben mich ins Paradies getragen. Hier ist es wunderbar. Ich habe keine Schmerzen mehr, keinen Hunger, keine Angst und keinen Kummer. Ich bin ganz nah bei Gott und dem alten Vater Abraham. Einmal habe ich in der Ferne meinen reichen Nachbarn gesehen. Er war inzwischen auch gestorben, aber nicht zu mir ins Paradies gekommen, sondern an einen Ort ohne Gott. Schrecklich heiß ist es dort. Und er jammerte und sagte: „Ich habe solchen Durst, stecke doch deinen Finger ins Wasser und lass ihn mich ablecken!" Aber ich durfte nicht. „Dir ging es in deinem Leben sehr gut, du aber hast nur an dich gedacht. Jetzt ist Lazarus dran, ihm ging es im Leben so schlecht!", sagte Abraham zu ihm. Mein Nachbar hatte Angst, dass es seiner Familie und seinen Freunden auch einmal so schlimm ergehen würde. Er hatte die Idee, dass ich ihnen im Traum oder sogar persönlich erscheinen sollte. Ich sollte sie warnen, damit sie ein besseres Leben als er führen konnten. Aber Abraham hat gesagt, sie könnten doch die Bibel lesen, darin würde genau stehen, wie sie ein Leben führen sollen, das Gott gefällt.

Ich bin jedenfalls sehr froh, hier zu sein, mein Leben war schwer genug!

*Jesus hat diese Geschichte erzählt, um uns zu sagen: „Denke nicht nur an dich, sondern auch an andere Menschen. Gib ab von dem, was du hast. Lerne teilen. Gott wird dich dafür belohnen."*

## I. Thema

Der Mensch hat in seinem Leben Zeit, den Auftrag zur Nächstenliebe zu hören und danach zu leben. Wer dies (und damit auch Gott) vergisst, kann es nach seinem Tod nicht wieder gutmachen. Der vom Leben benachteiligte Mensch aber wird getröstet, denn Gott ist ein Gott der Ärmsten und Verlassenen. – Nächstenliebe bedeutet teilen und abgeben. Welche Erfahrungen Kinder damit haben, soll hier erarbeitet werden.

## II. Einordnung im Jahreslauf

Zu allen Zeiten

## III. Erarbeiten

*Miteinander beten* (**M1** und **M2**)

*Miteinander reden*

| | |
|---|---|
| Impuls | Süßigkeiten liegen in der Mitte. |
| Gespräch | Mit den Kindern überlegen, wie die Süßigkeiten gerecht geteilt werden können. Kinder von ihren Erfahrungen zu gerechtem und ungerechtem Teilen erzählen lassen. |

*Gleichnis – Erzählung*

Worin lag der Fehler des Reichen? (Nicht, dass er reich war, sondern, dass er nicht geteilt hat.) Aufzählen lassen, was die Kinder schon einmal abgegeben oder geteilt haben. Erarbeiten, dass Abgeben und Teilen sich nicht nur auf materielle Dinge beziehen (Geld, Spielsachen, Süßigkeiten), sondern auch auf ideelle Werte, wie Zeit, Zuneigung u.a. Wie und was können die Kinder teilen und abgeben?

| | |
|---|---|
| Schlusswort | Gott möchte, dass wir miteinander teilen. Wir wollen es versuchen. |

*Miteinander kreativ sein*

Wir malen das Gewand des Lazarus (**M3**)

*Miteinander feiern*

Spiele vom Teilen (**M4**)

*Miteinander singen*

Wenn du singst (MKL 149)

# Lk 18,1–7a

Ich heiße Esther. Ich bin 17 Jahre alt und schon verheiratet. Oder besser gesagt: Ich *war* verheiratet. Denn mein Mann ist vor sechs Monaten gestorben. Eine Schlange hat ihn gebissen. Eine Schlange mit einem Giftzahn. Jetzt bin ich Witwe. Jetzt bin ich traurig und weine viel. Dazu habe auch noch Ärger mit den Verwandten meines Mannes. Sie wollen mir das Erbe meines Mannes nicht auszahlen. Es sind etliche Denare, von denen ich gut leben könnte, aber sie rücken das Geld nicht heraus und sagen, ich hätte nur kurz zu ihrer Familie gehört und daher keine Ansprüche. Für solche Fälle gibt es bei uns Richter, die dafür sorgen sollen, dass Recht gesprochen wird. Also habe ich mich aufgemacht. Aber der Richter hat mich wieder weggeschickt. Er hatte keine Lust, sich mit meinem Fall zu befassen. Ich weiß: Wenn ich ihm Geld gegeben hätte, hätte er sich leicht umstimmen lassen. Aber ich habe nichts.

Doch ich habe nicht locker gelassen. Immer und immer wieder bin ich zu ihm hingegangen und habe ihn gebeten, dass er meine Angelegenheit regeln möchte. Neulich habe ich ihm gedroht, ich würde in der Stadt erzählen, dass er ein ungerechter Richter sei. Letzte Woche ist ihm dann der Kragen geplatzt: „Du gehst mir fürchterlich auf die Nerven!", hat er geschrien. „Ja, ich kümmere mich um deine Sache. Ich werde dafür sorgen, dass du dein Erbe ausgezahlt bekommst. Aber nun hau ab, und wehe, du redest schlecht über mich! Lass mich in Ruhe!" – Jetzt bin ich mir sicher, dass ich nächste Woche mein Geld bekomme. Und dann gehe ich hier weg. Ich gehe wieder zurück zu meiner Familie. Da weiß ich, dass ich willkommen bin!

*Jesus hat gesagt: Dieser Richter ist hart und ungerecht. Dennoch verschafft er der Frau ihr Recht, weil sie nicht aufhört, ihn zu bitten und zu bedrängen. Wie viel mehr könnt ihr wohl bei Gott erreichen, der gerecht ist und euch lieb hat?*

## I. Thema

Gott wird dem Drängen, d.h. dem Beten seiner Gemeinde in Notsituationen nachgeben. Wer ihn anruft, darf sich einer Antwort gewiss sein. Über die Erfahrungen, die Kinder mit dem Beten haben, soll hier nachgedacht werden.

## II. Einordnung im Jahreslauf

Am 5. Sonntag nach Ostern, „Rogate" = Betet!

## III. Erarbeiten

*Miteinander beten* (**M1** und **M2**)

*Miteinander reden*

| | |
|---|---|
| Impuls | Falls vorhanden: Dürers „Betende Hände" in die Mitte legen. Den Kindern (unkommentiert) verschiedene Gebetshaltungen zeigen: Die Hände zum Himmel gerichtet, gefaltet, gekreuzt, auf den Knien etc. |
| Gespräch | Die Kinder die Haltungen erraten lassen. Warum beten Menschen? |

*Gleichnis – Erzählung*

Die Kinder erzählen lassen, ob und wie sie schon einmal ungerecht behandelt worden sind. Welche Erfahrungen von „Recht haben" und „Unrecht haben" haben sie in ihrem Leben gemacht? Wer hat ihnen zur Seite gestanden?
Die Kinder erzählen lassen, ob, wann und wie sie beten. Welche Gebete kennen sie? „Nützt" beten?

Schlusswort Wir sind Gottes Freunde. Wenn es uns schlecht geht, so wie Esther, wenn wir uns ungerecht behandelt fühlen, dürfen wir zu ihm beten und darauf hoffen, dass er uns hilft.

*Miteinander kreativ sein*

Ausmalbild Hand (**M3**)

*Miteinander feiern*

Unsere Hände können beten: Wir feiern unsere Hände! (**M4**)

*Miteinander singen*

Das wünsch ich sehr (MKL 5)

# Lk 18,9–14

*Vom Pharisäer und Zöllner*

Zwei Männer gehen zum Tempel in Jerusalem. Das ist der Ort, an dem Gottesdienst gefeiert wird. Jetzt ist es gerade drei Uhr. Es ist Gebetszeit. Da stehen sie und murmeln ihre Gebete. Ich kenne sie: Der eine ist Levi, der Zöllner. Das ist ein Bursche! Wenn du auf dem Markt etwas verkaufen willst, dann musst du bei ihm Zoll bezahlen. Es ist eigentlich eine feste Summe, die die Römer, unsere Herren, festgesetzt haben, aber er schlägt immer noch etwas drauf. Für meinen Platz im Schatten kassiert er ordentlich. Ich weiß genau: Er gibt nicht alles seinem Herrn ab. Einiges steckt er sich in seine eigene Tasche. Zöllner sind Betrüger! Da links neben ihm steht Taddäus. Ihr könnt euch nicht vorstellen, was das für ein frommer Mann ist! Er ist ein Pharisäer. Er denkt von morgens bis abends nur an Gott, er betet, er spendet, er fastet. Er will ein guter Mann sein. Er hofft, dass Gott ganz schnell auf die Erde kommt und König über Israel wird. Ich bewundere ihn, weil er so fromm und so gut ist.

„Gott, ich danke dir, dass ich ein guter Mensch bin und keine Fehler mache! Ich bin nicht wie dieser Zöllner. Ich faste nicht nur einmal im Jahr wie die anderen, sondern zweimal in der Woche. Natürlich fällt es mir schwer, den ganzen Tag in dieser Hitze nichts zu essen und zu trinken, aber für dich tue ich es gern. Ich verschenke von allem, was ich kaufe, einen Teil an die Armen. Ja, Gott, ich bin wirklich ein guter Mensch und ich hoffe, dass du bald zu uns auf die Erde kommst und ich mit dir zusammen hier leben kann." So betet er. Eine toller Mann, dieser Taddäus, findet ihr nicht auch?

Was mag wohl der Zöllner beten? Ich kann ihn so schlecht verstehen, er spricht sehr leise! Kommt, wir gehen noch etwas näher heran ... Seht ihr auch, was ich sehe? Er weint! Die Tränen laufen über sein Gesicht. Den Kopf hält er gesenkt und mit den Händen schlägt er sich auf seine Brust. So etwas macht doch nur einer, der sich ganz schlecht fühlt! „Gott, verzeih mir!", flüstert er. „Ich bin ein schlechter Mensch." Ein seltsamer Mann. Ob Gott ihm wirklich verzeiht, wo er so viel Böses getan hat?

*Jesus hat gesagt: Wer sich einbildet, dass er keine Fehler macht, wird hochmütig. Der ist nicht Gottes Freund. Wer traurig über seine Fehler ist wie Levi, der hat Gott zum Freund.*

## I. Thema

Gott sagt Ja zum hoffnungslos verzweifelten Sünder und Nein zum Selbstgerechten. Auch Kinder machen Fehler und leiden unter Schuldgefühlen. Dass sie dennoch von Gott angenommen sind, ist hier zu erarbeiten.

## II. Einordnung im Jahreslauf

Am Buß- und Bettag

## III. Erarbeiten

*Miteinander beten* (**M1** und **M2**)

*Miteinander reden*

Impuls        Zehn Obststücke liegen in der Mitte. Wer hat am meisten Hunger? Ein Teil wird an dieses Kind verschenkt.

Gespräch      Erzählen, dass zur Zeit Jesu fromme Menschen den zehnten Teil ihrer Ernte den Armen spendeten.

*Gleichnis – Erzählung*

Die Kinder erzählen lassen, was sie schon einmal falsch gemacht haben. Ist es schwer für sie, Fehler einzugestehen? Sind sie für Fehler schon einmal bestraft worden? Haben sie gelogen, weil sie Fehler nicht zugeben wollten? Wer bestimmt über „richtig" und „falsch"? Ist ihnen verziehen worden und können sie verzeihen? Ihnen zusagen, dass sie auch mit ihren Fehlern und Schwächen von Gott angenommen sind.

Schlusswort   Wer denkt, dass er keine Fehler macht, wird hochmütig. Der ist nicht Gottes Freund. Wer traurig über seine Fehler ist wie Levi, der hat Gott zum Freund.

*Miteinander kreativ sein*

Figuren – Knicken: Pharisäer – Zöllner (**M3**)

*Miteinander feiern*

Ein Spiel Pharisäer gegen Zöllner (**M4**)

*Miteinander singen*

Mein Gott, das muss anders werden ( MKL 24)

Material

**M1   Eingangsgebet**
Guter Gott, ich bin ziemlich mutig. Doch ich habe auch manchmal Angst: vor Dunkelheit, vor Streit und Ärger, vor Gewittern und anderen Dingen. Bitte nimm meine Angst weg! Amen

**M2   Schlussgebet**
Guter Gott, wenn du bei mir bist, dann bin ich stark. Dann muss ich mich nicht mehr fürchten. Bitte sei auch bei denen, die ich lieb habe. Beschütze sie und mache sie mutig, damit ihnen das Leben Spaß macht. Amen

**M3   Angst-Wellen malen**
Kopieren und vergrößern Sie die Vorlage mehrfach für jedes Kind. Die Kinder malen die Wellen in verschiedenen Blautönen an und schneiden sie aus. Die Wellen werden auf großem Plakatkarton zu einem Wellen-meer zusammengesetzt. Kleben Sie eine besonders groß kopierte Welle in die Mitte. Schreiben Sie in diese Welle: „Gott rettet mich aus meiner Angst".

**M4   Spiel gegen die Angst**
*Wer hat Angst vor dem Gespenst?* Ein Kind (K1) steht auf der einen Seite des Spielfeldes, alle anderen (K2) auf der anderen. K1 ruft: Wer hat Angst vor dem Gespenst? K2: Niemand! K1: Und wenn es kommt? K2: Dann laufen wir! – Die Kinder laufen los und versuchen, auf die Seite von K1 zu gelangen. Dieses versucht, ein Kind zu fangen, das dann das Gespenst ist.
In den weiteren Runden wird „Gespenst" durch Begriffe der Kinder ersetzt, z.B.: Wer hat Angst vor der dunklen Nacht, vor dem Gewitter, vor der schlechten Note, dem Familienstreit o.Ä.

# Die Heilung des Gelähmten

**M1** **Eingangsgebet**
Guter Gott, ich will immer alles richtig machen und mache doch manches falsch. Dann bekomme ich zu Hause, im Kindergarten oder in der Schule Ärger. Darüber bin ich sehr traurig. Bist du auch manchmal traurig, weil ich etwas mache, was du nicht gut findest? Amen

**M2** **Schlussgebet**
Guter Gott, vergib mir meine Schuld, darum bitte ich dich. Als mein Freund wirst du mir diesen Wunsch erfüllen. Hilf mir, dass ich auch anderen vergebe. Das fällt mir zwar manchmal schwer, aber ich werde mir Mühe geben. Amen

**M3** **Wir flechten die Schlafmatte des Gelähmten**
Vergrößern Sie das Motiv um 200%. Schneiden Sie die inneren Linien mit einer spitzen Schere. Schneiden Sie aus buntem Papier (auch Werbeprospekte) Streifen. Lassen Sie die Kinder die Streifen einflechten. Begradigen und kleben Sie die Ränder.

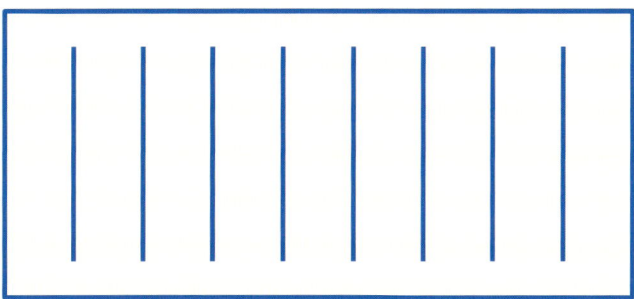

**M4** **Ein Vergebungsfest feiern**
1. Auf weiße Papierstreifen schreiben, welche Fehler Kinder bedrücken. Sie in eine „Schlafmatte" einflechten. Die Matte zusammenrollen, in eine feuerfeste Schale (Auflaufschüssel) legen und anzünden. Dazu noch einmal das Schlusswort sagen.
2. Es wie der Geheilte machen: Mit den Freunden feiern, essen (Rezept Fladenbrot siehe S. 115), trinken und spielen.

**M1    Eingangsgebet**
Guter Gott, wie gut, dass es den Sonntag gibt. An diesem Tag kann ich mich ausruhen. Ich kann viele schöne Sachen mit meinen Eltern, Geschwistern und Freunden machen. Danke für den Sonntag. Amen

**M2    Schlussgebet**
Guter Gott, geh mit uns in die neue Woche. Lass uns jeden neuen Tag wie ein Geschenk von dir annehmen. Wir wollen aufeinander Acht geben, wir wollen versuchen, nicht zu zanken und unfair zu sein. Am Sonntag wollen wir besonders an dich denken und feiern, dass du uns liebst. Amen

**M3    Vorschlag für eine Einladungskarte für eine sonntägliche Unternehmung mit der Familie oder mit Freunden**
Z.B. gemeinsame Vorlesestunde, Kasperle-Theater spielen, Ausflug machen, Brötchen holen, Brötchen backen, Spiele machen (s.u.), einen Familiengottesdienst besuchen etc.
Die Vorlage wird kopiert (200%), ausgeschnitten und angemalt.

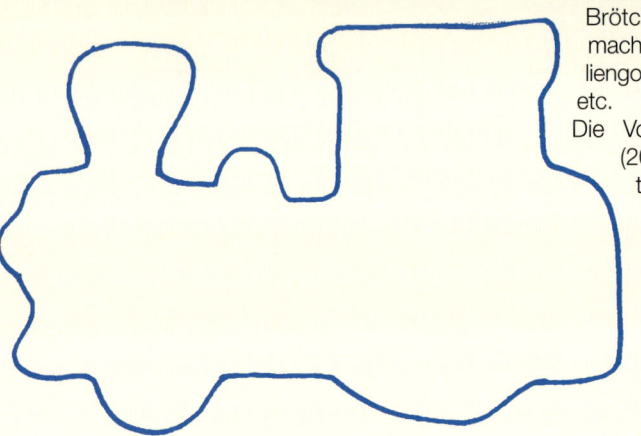

**M4    Sonntagsspiele**
1. Ein Kind sagt: *„Am Sonntag kann ich lange schlafen.“* Das zweite Kind nennt den ersten Begriff und fügt einen weiteren dazu. Die Kinder in der Runde wiederholen jeweils die vorangegangenen Begriffe.
2. *Stille Sonntagspost:* Ein Kind denkt sich aus, was es am Sonntag gerne machen würde und flüstert es seinem Nachbarkind ins Ohr. Dieses flüstert das Gehörte dem nächsten Kind zu. Welcher Begriff kommt beim letzten Kind an?

**M1 Eingangsgebet**

Guter Gott, manchmal bin ich richtig böse mit mir selbst und mit anderen. Es gibt Tage, da mache ich einfach alles falsch. Dann ärgere ich z.B. meinen kleinen Bruder oder meine kleine Schwester. Ich kann nicht anders. Aber eigentlich fühle ich mich nicht gut dabei. Hilf mir, dass ich nicht mehr böse bin. Amen

**M2 Schlussgebet**

Guter Gott, du bist immer für mich da. Nicht nur, wenn es mir gut geht, sondern auch, wenn es mir schlecht geht. Manchmal habe ich es gar nicht verdient, dass du noch mein Freund bist. Bitte verzeih mir, wenn ich nur an mich denke, wenn ich lieblos bin, gehässig, unversöhnlich, streitsüchtig und ungeduldig. Ich weiß, dass du mein Gebet hörst, mir vergibst und hilfst. Amen

**M3 Ausmalbild Schwein**

**M4 Felix feiert seine Befreiung**

1. *Spielen:* Schweine-Wettwickeln: Binden Sie zwei ausgeschnittene Schweine jeweils an ein langes Band. Das andere Ende wird an einem Stift befestigt. Zwei Kinder bekommen jeweils einen Stift mit einer Schnur in die Hand. Bei „Los" beginnen die Kinder, die Schnur auf den Stift zu wickeln. Der Stift wird dabei zwischen Daumen und Zeigefinger gedreht. Wer zuerst fertig ist, hat gewonnen.

2. *Essen:* „Schweinespeck" (= Süßigkeit aus Zucker)

**M1    Eingangsgebet**
Guter Gott, manchmal bin ich traurig. Wie gut, dass es immer jemanden gibt, der mich tröstet. Bald kann ich wieder lachen. Danke, dass
du mir Menschen schickst, die mich trösten. Amen

**M2    Schlussgebet**
Guter Gott, wenn wir alt geworden sind oder wenn wir schwer krank
sind, sterben wir. Das ist so, als ob wir tief schlafen. Doch du weckst
uns auf. Dann dürfen wir in deinem Reich im Himmel mit dir leben. Darüber sind wir sehr froh. Amen

**M3    Aus Jairus' Tränen-Taschentuch wird ein Freudentuch!**
Sie brauchen: Papiertaschentücher und Filzstifte.
Die Kinder beschneiden die einmal aufgeklappten Taschentücher an
den Außenkanten, so dass sie unterschiedliche Formen bekommen.
Die Kinder malen ihre Taschentücher bunt an.

**M4    Hüpfspiel „Tod und Leben"**
Malen Sie das Spielfeld draußen mit Kreide auf. Ein Steinchen wird in
Feld 1 geworfen und auf einem Bein hüpfend ins nächste Feld gesto-
ßen. Auf dem Feld „links" wird das linke Bein aufgestellt, auf dem Feld
„rechts" das rechte. In das Feld „Tod" darf weder das Steinchen gesto-
ßen werden noch reingesprungen werden. Im „Leben" darf man mit
beiden Beinen ausruhen, um dann in der gleichen Art und Weise
zurückzuspringen.

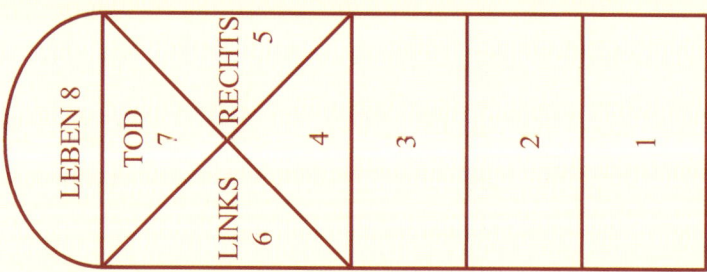

**M1** **Eingangsgebet**

Guter Gott, ich danke dir dafür, dass ich genug zu essen und zu trinken habe. Du machst mich satt, du stillst meinen Durst. Ich bin sehr froh darüber. Amen

**M2** **Schlussgebet**

Guter Gott, du sagst mir in der Bibel, dass du wie ein guter Hirte zu mir bist, der auf mich aufpasst und mir zu essen und zu trinken gibt. Das ist ein gutes Wort, über das ich mich freue. Ich danke dir für die vielen guten Worte, die du zu mir sagst. Amen

**M3** **Klebebild: Das macht mich satt**

Sie brauchen dazu: Werbeprospekte von Supermärkten/Versandhäusern, weißes Papier DIN A 3, Kinderscheren, Klebestift.
1. Lassen Sie die Kinder all das ausschneiden, was sie zum Leben brauchen: Nahrungsmittel, Spielzeug, Kleidung etc.
2. Lassen Sie die Kinder Menschen ausschneiden.
3. Kopieren Sie den Kindern die Geschichte von der Speisung der 5000.
4. Kleben Sie den Text in die Mitte des Blattes. Lassen Sie die Kinder die restlichen Motive aufkleben.

**M4** **Singen und Spielen zum Lied „Fünf Brote und zwei Fische"**

Lassen Sie die Kinder die Szenen der Geschichte darstellen und singen sie zu jeder Szene die Liedstrophe:
1. Szene: Kinder stehen dicht um „Jesus" herum.
2. Szene: Alle Kinder zucken mit den Schultern und heben fragend die Hände nach oben.
3. Szene: Fünf Brötchen und zwei Fische (auf Papier gemalt) werden von einem Kind gebracht.
4. Szene: Schulterzucken und fragende Gesichter.
5. Szene: „Jesus" hebt die Hände zum Gebet nach oben. Alle Kinder setzen sich.
6. Szene: Mit den Händen einen Tisch und ein Dach andeuten.
7. Szene: An den Händen fassen und im Kreis gehen.
Zum Schluss die Brötchen miteinander teilen.

**M1 Eingangsgebet**
Guter Gott, ich danke dir, dass ich hören und reden kann. Ich kann sagen, was ich denke und fühle. Ich kann hören, was deine gute Schöpfung mir erzählt: die Menschen und Tiere, der Regen und der Wind. Ich höre viele andere Geräusche. Ich fühle mich ganz lebendig. Amen

**M2 Schlussgebet**
Guter Gott, du hörst mich, wenn ich zu dir rede. Wenn ich dir sage, worüber ich mich freue oder worüber ich traurig bin. Du hörst mich aber nicht nur, wenn ich rede, du siehst auch meine Gedanken. Du siehst bis in mein Herz. Bitte bleibe immer nah bei mir und bei allen, die ich lieb habe. Amen

**M3 Dias bemalen**
Sie benötigen Dias mit Glas, Filzstifte (wenn möglich wasserfest). Lassen Sie die Kinder einzelne Szenen oder Elemente (z.B. Ohr, Mund) aus der Geschichte malen. Bringen Sie die Dias in eine sinnvolle Reihenfolge. Zeigen Sie die Dias und lassen Sie die Kinder dabei die Geschichte nacherzählen.
*Alternativ: Anhänger Ohr/Mund*
Lassen Sie die Kinder aus Fimo Soft Modelliermasse einen Mund oder ein Ohr formen. (Für vier Kinder brauchen Sie ein Päckchen). Bohren Sie ein Loch, um später einen Faden durchzuziehen. Brennen Sie die Masse bei 130° ca. 20 min im Ofen.

**M4 Der Taubstummen-Kongress**
Zwei gleich starke Gruppen sitzen sich gegenüber. Eine Gruppe kann hören, aber nicht sprechen. Die andere Gruppe kann sprechen, aber nicht hören. Die Tauben stellen nacheinander eine Frage an die Stummen, z.B.: „Was hast du heute Mittag gegessen?" Die Stummen antworten pantomimisch. Hat jeder Stumme „geantwortet", werden die Rollen getauscht.
Nach dem Spiel gibt es einen Erfahrungsaustausch. Dann wird das *Schlusswort* noch einmal mit allen Kindern Stück für Stück gesprochen: Gott schenkt uns Ohren, die hören können und einen Mund, der reden kann. Wir sagen ihm danke dafür und erzählen anderen, wie gut er es mit uns meint.

**M1   Eingangsgebet**
Guter Gott, ich danke dir, dass ich sehen kann. Ich sehe, was du gemacht hast: die Menschen, die Tiere und die Pflanzen. Ich sehe meine Familie und meine Freunde. Danke für alles. Amen

**M2   Schlussgebet**
Guter Gott, öffne meine Augen, dass ich den sehe, der meine Hilfe braucht. Und sieh du mich, wenn ich deine Hilfe brauche! Darum bitte ich dich. Amen

**M3   Bastel-Auge: Ich sehe …**
Vergrößern und kopieren Sie die Vorlage für jedes Kind. Die Kinder schneiden das Auge aus und falten es in der Mitte. In das Innere malen die Kinder, etwas, das sie sehen können (z.B. Tiere, Pflanzen, Menschen etc.). Das Äußere des Auges malen die Kinder bunt.

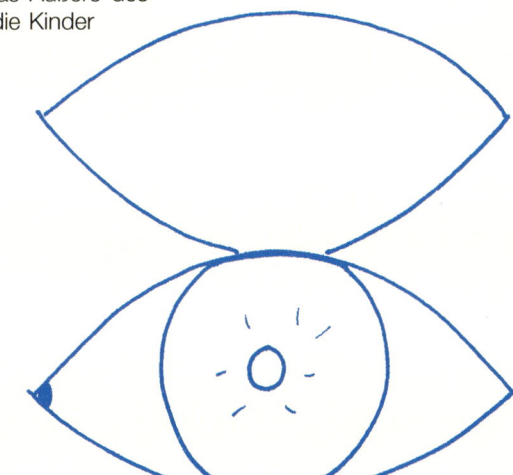

**M4   Spiele zum Sehen**
*1. Ich sehe was, was du nicht siehst …*
*2. Wer hat den Schuh des Bartimäus?*
Alle Kinder sitzen im Kreis. Eines zieht seinen Schuh aus, setzt sich in die Mitte und hält sich die Augen zu (oder bekommt sie verbunden). Es ruft 3x: „Ich armer Bartimäus! Wo ist mein Schuh?" Währenddessen wird sein Schuh im Kreis herumgereicht. Beim dritten Ausruf verstecken sich alle Kinderhände hinter dem Rücken. Bartimäus muss raten, welches Kind den Schuh hat. Hat er Recht, muss dieses Kind in den Kreis.

**M1    Eingangsgebet**
Guter Gott, ich bin froh, dass ich zu dir gehöre. „Geh mit mir!" – So
sagst du mir und ich will es tun. Mit dir an meiner Seite fühle ich mich
stark und geborgen. Ich danke dir dafür. Amen

**M2    Schlussgebet**
Guter Gott, du hast uns wie Fische gefangen. Bitte sorge nun auch für
uns. Sei bei allen, die wir lieb haben. Sei bei allen, die du lieb hast.
Darum bitten wir dich. Amen

**M3    Poster mit Moosgummi-Druck „Ich bin bei Gott wie ein Fisch im
Netz"**
Sie brauchen: Moosgummi, Pappe oder Holzklötzchen, Waco-Fin
Hobbymalfarbe (Acrylfarbe), Pinsel, Kleber und Papier. So geht es:
Fischmotiv auf Moosgummi abmalen, ausschneiden und auf Karton
oder Holzklotz kleben. Trocknen lassen. Den Stempel mit Farbe
bestreichen und auf Papier drucken. Unter die Fische schreiben die
Kinder ihre Namen.

**M4    Spiele zum Fische- und Menschen-Fangen**
1. *Fische-Fangen:* Sie brauchen eine Tüte „Fischli" (Knabbergebäck)
und einen Würfel. Es wird reihum gewürfelt. Wer eine Sechs hat, darf
einen Fisch nehmen und essen.
2. *Menschen-Fangen:* Sie brauchen einen Würfel, Papier und Stift.
Entwerfen Sie mit ca. 20 Strichen ein Strichmännchen auf dem
Papier, das als Vorlage gilt. Jedes Kind bekommt ein Blatt Papier
und einen Stift. Es wird reihum gewürfelt. So viel Augen bei einem
Wurf fallen, so viele Striche darf der Spieler an seinem Männchen
malen. Wer zuerst fertig ist, hat gewonnen.
3. Tipp: Das Spiel *Aquarium* von Ravensburger

**M1  Eingangsgebet**

Guter Gott, ich bin schon oft krank gewesen. Ich hatte Fieber, Bauch-weh ...(Kinder aufzählen lassen). Ich bin auch wieder gesund gewor-den. Hast du das gemacht? Amen

**M2  Schlussgebet**

Guter Gott, ich bitte dich für die Menschen, die schwer krank sind. Ich bitte dich für alle, die nicht mehr gesund werden können. Schick ihnen Menschen, die bei ihnen bleiben, damit sie nicht allein sind. Bleib auch du bei ihnen und tröste sie. Amen

**M3  Ausmalbild Soldatenhelm**

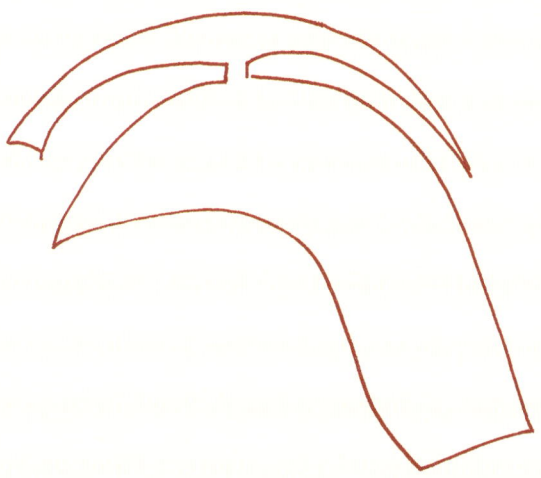

**M4  Der Knecht feiert „Geburtstag"**

Lassen Sie die Kinder sich mit bunten Krepppapier-Bändern schmü-cken. Essen Sie mit ihnen den Kuchen und trinken Sie etwas Leckeres. Spielen Sie mit den Kindern. Nehmen Sie Ideen der Kinder auf.

*Rezept für einen schnellen Geburtstagskuchen*

Zutaten: 2 Tassen Mehl, 3 Eier, ¾ Tasse Zucker, 2 Tl Backpulver, 6 El Öl, 2 Dosen Mandarinen oder 1 Glas Kirschen.

Zubereitung: Obst abtropfen lassen. Ofen auf 180 Grad vorheizen. Eier und Zucker schaumig rühren. Dann das Öl dazu geben und das mit Backpulver vermischte Mehl. Den Teig in eine gefettete Springform geben. Obst und Butterflöckchen darauf verteilen. Ca. 30 min backen.

**M1     Eingangsgebet**
Guter Gott, fröhlich bin ich aufgewacht. Heute wird ein guter Tag. Es ist
ein Tag mit meiner Familie, meinen Freunden und mit dir. Ich lebe gern.
Danke, dass ich leben kann. Amen

**M2     Schlussgebet**
Guter Gott, ich lebe gern. Aber irgendwann einmal müssen alle Menschen sterben, auch ich. Wann das sein wird, weißt nur du. Aber ich
weiß: Wenn ich einmal gestorben bin, dann gehöre ich immer noch zu
dir. Bitte bleibe immer bei mir. Amen

**M3     Der Jüngling in der Streichholzschachtel**
Sie brauchen für jedes Kind eine leere Streichholzschachtel und bunte
Papierreste. 1. Die Kinder bekleben und bemalen ihre Schachtel. 2. Die
Kinder malen den Jüngling an und schneiden ihn aus. 3. Schreiben Sie
jedem Kind auf die Rückseite des Jünglings den Satz: „Steh auf! Du
sollst leben!" 4. Die Kinder falten ihren Jüngling zusammen und ste-
cken ihn in die Streichholzschachtel.

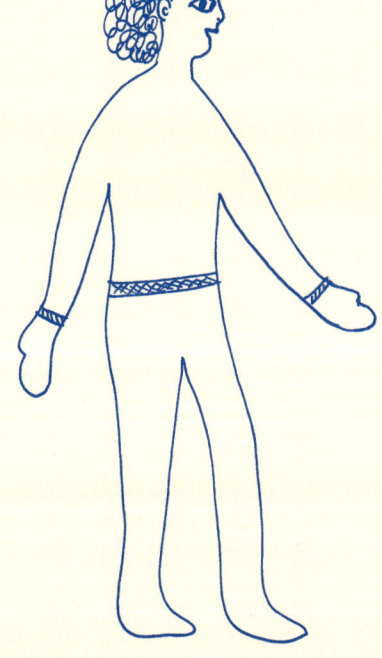

**M4     Rezept für Sulamits Freudentrank**
1 Flasche roten Saft (z.B. Punica), 2 El Mandelstifte, 2 El Rosinen.
Erwärmen Sie den Saft. Verteilen Sie Mandeln und Rosinen auf Becher
und gießen Sie den Saft darüber.

**M1    Eingangsgebet**

Guter Gott, keiner ist so wie ich. Keiner lacht so wie ich und keiner weint so wie ich. Keiner redet so wie ich und keiner tut etwas genauso wie ich. Du hast mich einmalig gemacht. Ich danke dir. Amen

**M2    Schlussgebet**

Guter Gott, du nimmst uns so zum Freund, wie wir sind. Ob wir klein sind oder groß, dick oder dünn, alt oder jung, krank oder gesund, Deutscher oder Ausländer. Du möchtest, dass auch wir den Anderen nehmen, so wie er ist – auch wenn er anders ist als ich. Bitte hilf uns dabei. Amen

**M3    Kopiervorlage Kleidung Anziehpuppe**

Anziehpuppe siehe S. 98

**M4    Erzähl mir, wie es bei dir Zuhause ist!**

Besuchen Sie ein ausländisches Kind zu Hause oder laden es (mit seinen Eltern) in die Gruppe ein. Wie lebt die Familie miteinander? Welche Sitten und Gebräuche – auch religiöse – gibt es zu Hause und im Heimatland? Lernen Sie mit den Kindern ein paar Worte in der Landessprache. Essen Sie etwas Landestypisches miteinander. Vielleicht bringt das Kind etwas mit?

**M1    Eingangsgebet**
Guter Gott, du hast mich so wunderbar gemacht. Im Bauch meiner
Mutter bin ich gewachsen und wachse immer weiter. Das ist ein gro-
ßes Wunder. Ich danke dir dafür. Amen

**M2    Schlussgebet**
Guter Gott, es ist wunderbar, wenn du mit uns durch den Tag gehst;
wenn du uns vor Unglück beschützt; wenn du uns fröhlich machst.
Guter Gott, es ist wunderbar, dass es dich gibt. Amen

**M3    Bastelanleitung Weintraubenanhänger**
Sie brauchen Fimo Soft Modelliermasse in Weintraubenfarben (pro
Kind $1/4$ Packung). Die Kinder rollen aus ihrem Stück in den Händen
eine Kugel, die an einem Ende etwas dicker ist. Die Weintraube wird
mit einem dünnen Holz (Schaschlikspieß) durchbohrt. Backen Sie die
Weintraube bei 130°C ca. 20 min im Ofen. Fädeln Sie für jedes Kind
die Traube zum Umhängen auf ein Band.

**M4    Ein Traubenfest feiern**
Machen Sie Traubensaft mit einem Entsafter selber.
Wohnen Sie in einer Weingegend? Dann besuchen Sie den Winzer
(nach Voranmeldung!) mit den Kindern. Vielleicht gibt es frischen Trau-
bensaft zur Verkostung! Lassen Sie die Kinder Weinlaub sammeln und
zwischen Buchdeckeln trocknen.
Oder gehen Sie in eine Baumschule/Gärtnerei und sehen sich mit den
Kindern einen Weinstock an.
Trinken Sie mit den Kindern Traubensaft, essen Sie Trauben.
Danken Sie mit den Kindern Gott, dass er mit Hilfe des Wassers/
Regens viele Früchte wachsen lässt und lecker schmeckende Geträn-
ke entstehen können.

**M1** **Eingangsgebet**
Guter Gott, Sand finde ich gut. Im Sand kann ich spielen und matschen. Sand ist weich und warm. Danke für den Sand. Amen

**M2** **Schlussgebet**
Gott, du bist stark und fest wie ein Fels. Auf dich darf ich vertrauen, auf dich darf ich bauen. Du hältst zu mir und ich halte zu dir. Dann können mir auch die vielen Stürme des Lebens nichts anhaben. Bitte wohne mit mir in meinem Haus und sei auch bei den Menschen, die ich lieb habe. Amen

**M3** **Ausmalbild Haus**

Ich bau auf dich, Gott!

**M4** **Wir feiern das, was fest ist …**
*Wir suchen* Festes *in der Natur* und sammeln Steine. Jedes Kind sucht sich 1–2 Steine. Wir sehen und fühlen die Steine. Welcher ist der schönste?
*Wir essen* feste *Lebensmittel:* Knäckebrot, Schwarzbrot, Möhren, Nüsse, harte Bonbons u.ä.
*Wir sammeln* Festes *in unserem Kopf*: Jedes Kind sagt einen Begriff (Metall, Steine, Computer, Auto, Fußball, Tisch, Stuhl, Perlen, Diamanten, Berge etc.) und nennt dazu auch die bereits gesagten Begriffe der anderen Kinder (ein gutes Gedächtnistraining!).

**M1** **Eingangsgebet**
Guter Gott, kannst du sehen, dass ich jeden Tag ein Stückchen wachse? Du lässt mich wachsen, so wie du Tiere und Pflanzen wachsen lässt. Ich danke dir dafür. Amen.

**M2** **Schlussgebet**
Guter Gott, du möchtest, dass ich dir eine Hilfe bin. Du möchtest, dass ich den tröste, der traurig ist; dass ich verzeihe, wenn jemand unfair zu mir war; dass ich meine Spielsachen und auch meine Süßigkeiten mit anderen Kindern teile; dass ich freundlich und geduldig bin. Das ist manchmal ganz schön schwer, aber ich will mir Mühe geben. Amen

**M3** **Sauerteigbrot backen. Rezept für zwei Fladenbrote**
250 g Roggenmehl, 250 g Weizenvollkornmehl, 1 Btl. Sauerteig (gibt es fertig im Reformhaus), 1 Btl. Trockenhefe, ca. 400 ml Wasser, 1 Tl Salz, 1 Tl Zucker. Zutaten mischen, dabei nach und nach so viel Wasser zugeben, dass ein formbarer Teig entsteht. Zugedeckt an einem warmen Ort gehen lassen. Teig zu runden Fladen ausrollen, mit Wasser bestreichen, gitterförmig einschneiden. Bei 200°C ca. 20 min backen. (Lecker: Bestreuen Sie einen Fladen mit Kümmel, Leinsamen o.Ä.).
Wenn Sie weniger Zeit zur Verfügung haben, bereiten Sie mit den Kindern nur den Teig und geben jedem Kind ein Stück zum Selbst-Backen mit nach Hause.

**M4** **Eine Bäckerei besuchen**
Verabreden Sie einen Besuchstermin bei einem Bäcker.
*Alternative:* Erzählen Sie die Geschichte vom Auszug aus Ägypten (2 Mose 12) und essen gemeinsam das (ungesäuerte) Knäckebrot. Erzählen Sie noch einmal das Gleichnis und essen gemeinsam das Sauerteigbrot.

**M1** **Eingangsgebet**
Guter Gott, ich möchte gern mal einen Schatz finden. Ich möchte gern alle Spielsachen finden, die ich mir wünsche. Aber es wäre traurig, wenn ich keine Wünsche mehr hätte. Bitte gib du mir das, was ich wirklich brauche. Amen

**M2** **Schlussgebet**
Guter Gott, ich habe schon viele Schätze in meinem Leben gefunden: meine Eltern, Geschwister und Großeltern, meine Freunde. Ich habe genug zu essen und zu trinken, ich habe viele Spielsachen. Ich habe dich! Du hilfst mir, dass ich fröhlich leben kann. Ich danke dir für diese vielen Schätze. Amen

**M3** **Kopiervorlage Schatzkiste**
Vergrößern Sie das Motiv auf dünne Pappe. Die Kiste wird an den Kanten geknickt und an den schraffierten Flächen zusammen geklebt.

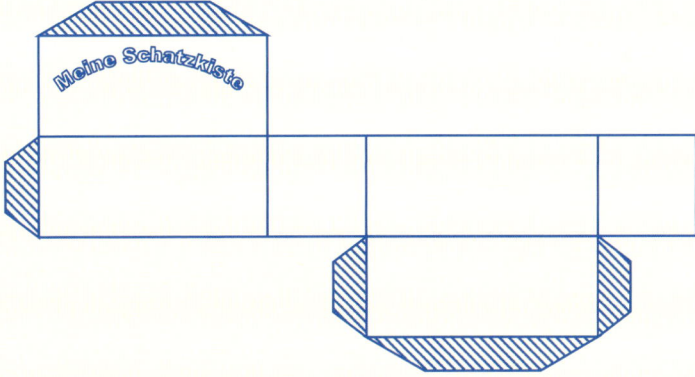

**M4** **Auf Schatzsuche gehen**
Ein bunter Glasstein (Bastelbedarf) oder Goldtaler aus Schokolade und ein Zettel mit dem Satz: „Gott schenkt dir viele Schätze. Nenne einen!" werden unter einem Topf versteckt. Einem Kind werden die Augen verbunden. Es wird gedreht und geht auf den Knien rutschend, mit einem Kochlöffel in der Hand auf Suche. Die anderen Kinder steuern es mit den Angaben: „warm, wärmer, kalt, kälter" usw. Wenn das Kind den Topf gefunden hat, muss es einen „Schatz" nennen und darf den Stein behalten. Mit den gewonnenen Glassteinen füllen die Kinder ihre Schatzkisten.

**M1** **Eingangsgebet**
Guter Gott, ich weiß, dass man Fische fangen kann. Heute werde ich
lernen, dass auch Menschen wie in einem Netz gefangen werden können und dass sogar ich Menschen fangen kann. Bitte hilf mir, dass ich
das verstehe. Amen

**M2** **Schlussgebet**
Guter Gott, ich danke dir, dass du mich wie ein Fisch in deinem Netz
gefischt hast und dass ich mit dir leben kann. Ich danke dir, dass ich
mir meine Freunde gefischt habe und ich viel Spaß mit ihnen habe.
Bitte hilf uns allen, dass wir bei dir bleiben können. Wir wollen so leben,
wie du es gern möchtest. Wir wollen anderen helfen und einander verzeihen. Amen

**M3** **Kopiervorlage Ausmalbild: Das bin ich mit meinem Freund/meiner
Freundin in Gottes Netz!**
Die Kinder malen sich mit ihrem besten Freund/ihrer besten Freundin in
die Fischbäuche.

**M4** **Ein Fisch-Fest feiern**
Fischstäbchen braten und essen.
Zungenbrecher üben: „Fischers Fritz fischt frische Fische. Frische
Fische fischt Fischers Fritz". (Für Kleinere vereinfachen).

**M1    Eingangsgebet**
Guter Gott, ich spiele gern im Sand, am liebsten am Strand. Manchmal finde ich da eine schöne Muschel. Ich mag das Meerwasser, wenn es um meine Füße herumläuft. Das hast du alles gemacht, damit ich mich freuen kann. Ich danke dir. Amen.

**M2    Schlussgebet**
Guter Gott. Viele Menschen sind wertvoll für mich: Meine Eltern, Geschwister und meine Freunde. Auch *du* bist für mich wertvoll und ich bin *dir* wertvoll. Deshalb bist du immer bei mir. Lass mich das nie vergessen. Amen

**M3    Kopiervorlage Muschelkette**
Kopieren Sie für jedes Kind mehrere Muscheln und eine Perle auf dünne Pappe. Lassen Sie die Kinder die Motive bunt anmalen und ausschneiden. Fädeln Sie die Muscheln mit der Perle in der Mitte auf ein buntes Band.

Gott ist wie eine Perle für mich!

**M4    Ein Perlenfest feiern**
*Perlen essen* (Nüsse/Erdnüsse in Schokolade).
*Perlen werfen:* Füllen Sie ein Glas bis 1 cm unter den Rand mit Wasser. Jedes Kind bekommt ein paar „Perlen" (Murmeln). Die Kinder werfen reihum eine Murmel in das Glas. Das Kind, dessen Perle das Wasser zum Überlaufen bringt, hat gewonnen.
*Perlen raten:* Der Spielleiter hat in den geschlossenen Händen mal eine, mal zwei „Perlen" (Murmeln). Die Kinder müssen raten: „Gerade oder Ungerade"?

**M1** **Eingangsgebet**
Guter Gott, ich sage dir 100-mal Danke: dass ich auf dieser schönen Erde leben kann und dass ich meine Familie und meine Freunde habe. Amen

**M2** **Schlussgebet**
Guter Gott, du möchtest, dass wir einander suchen, wenn wir uns verloren haben. Bitte suche du auch uns. Vergib uns, wenn wir streiten und Unrecht tun. Wir möchten zu dir gehören. Amen

**M3** **Schäfchen mit Window-Color malen**
Sie brauchen Window-Color-Farben (Bastelbedarf) und Prospekthüllen aus Plastik. Vergrößern Sie die Kopiervorlage (200%) und legen Sie diese in die Hülle. Übertragen Sie die Konturen mit der schwarzen Konturenfarbe und lassen Sie diese einige Stunden trocknen. Die Kinder malen ihr Schaf aus. Nach dem Trocknen (dauert mehrere Stunden) kann das Schaf abgezogen und auf einer Fensterscheibe angebracht werden.

**M4** **„Hunderter-Spiele"**
1. *Wer kann bis hundert zählen?*
2. *Die Kinder schätzen,* wie viel Murmeln, Nüsse o.Ä. sich in einem durchsichtigen Gefäß befinden. Dann wird gemeinsam gezählt. (Für Kindergartenkinder bis 10).
3. Für größere Kinder: *Ratesätze bilden* wie z.B.: „Hundert Kinder gehen zur Schule. Zwei werden krank. Wie viele bleiben übrig?" Oder: „Hundert Schafe weiden auf der Wiese. Drei laufen weg. Wie viele bleiben übrig?"
Lassen Sie die Kinder selbst Aufgaben stellen.

**M1    Eingangsgebet**

Guter Gott, es fällt mir schwer, mich zu entschuldigen, wenn ich etwas falsch gemacht habe. Ich nehme meinen Geschwistern und Freunden manchmal Spielsachen weg, ich ärgere sie und weiß, dass sie darüber traurig sind. Ich bin oft unzufrieden mit meinen Eltern, weil ich nicht so viel Fernsehen schauen und Gameboy spielen darf, wie ich will. Ich bin manchmal ungeduldig, unhöflich und unfair. Und du meinst, ich soll mich dafür entschuldigen? Bitte hilf mir, dass ich das schaffe. Amen

**M2    Schlussgebet**

Guter Gott, ich darf zu dir beten und dir alles sagen, was ich falsch gemacht habe. Du verzeihst mir. Ich soll auch von anderen Entschuldigungen annehmen und ihnen vergeben. Ich will es versuchen. Amen

**M3    Münzen malen**

Sie brauchen: Verschiedene Euro- und Centmünzen, weißes Papier und spitze Buntstifte. Legen Sie eine Münze unter das Papier, halten Sie das Papier dabei fest. Reiben Sie mit dem Stift flach über Papier und Münze. Das Relief der Münze wird sichtbar. Lassen Sie die Kinder die Münzen ausschneiden.

**M4    Ein „Vergebungs-Feuer" entzünden**

Die Kinder formulieren, was sie schon einmal falsch gemacht haben und was ihnen Leid tut. Diese Gedanken werden auf kleine bunte Zettel geschrieben und in eine feuerfeste Schale gelegt. Die Zettel werden angezündet und verbrannt. Dazu wird gebetet: „Guter Gott, wir bringen dir unsere Fehler. Mit dem Rauch, der in die Luft steigt, steigen unsere Fehler zu dir. Bitte verzeih uns und hilf uns, dass wir anderen verzeihen. Amen"

**M1** **Eingangsgebet**

Guter Gott, manchmal fühle ich mich ungerecht behandelt. Ich werde bestraft für etwas, das ich nicht getan habe. Oder manchmal sehe ich, dass ein anderes Kind belohnt wird, obwohl es gar keinen Grund dafür gibt. Das ärgert mich. Natürlich bin ich auch manchmal ungerecht. Hilf mir, es besser zu machen. Amen

**M2** **Schlussgebet**

Guter Gott, du versprichst uns, dass du unser Freund bist, wenn wir leben und auch wenn wir gestorben sind. Alle dürfen zu dir kommen: Die Kinder und die Erwachsenen, die Jungen und die Alten. Du versprichst uns allen das Gleiche, egal, wann wir deine Freunde werden wollen. Du bist gerecht. Lass mich auch gut und gerecht sein, darum bitte ich. Amen.

**M3** **Die Geschichte mit Playmobil-Männchen nachspielen**

Sie brauchen: Playmobil-Figuren und -Bausteine. (Playmobil gibt es in jedem Kinderzimmer, leihen Sie sich etwas aus!) Lassen Sie die Kinder die Figuren zusammen bauen und gestalten Sie aus dem vorhandenen Spielmaterial eine Landschaft. Verteilen Sie die Rollen. Lassen Sie die Kinder die Geschichte nachspielen.

**M4** **Wir spielen „Bärchen ärgere dich nicht"**

Für dieses Spiel brauchen Sie ein Mensch-ärger-dich-nicht-Spiel und eine Tüte Gummibärchen. Maximal 4 bis 6 Kinder können pro Spiel mitspielen. Jeder Mitspieler bekommt statt Spielsteinen Gummibärchen einer Farbe. Es werden keine Spielsteine rausgeworfen, wenn man auf ein besetztes Feld kommt, sondern die rausgeworfenen Gummibärchen aufgegessen. Wer keine Bärchen mehr im Spiel hat, hat verloren. Wenn nicht mehr Kinder da sind als Plätze auf dem Spielbrett, bekommt jedes Kind 10 Gummibärchen. Das Spiel dauert dann länger.

**M1**   **Eingangsgebet**
Guter Gott, wenn ich abends schlafen gehe, weiß ich, dass ich beschützt bin. Meine Eltern passen auf mich auf und auch du bist bei mir. Ich muss mich nicht fürchten: Nicht vor der Dunkelheit und auch nicht vor Einbrechern. Ich danke dir dafür. Amen

**M2**   **Schlussgebet**
Guter Gott, ich will dich erwarten und so leben, wie du es gern möchtest: Gut mit meiner Familie, meinen Freunden und mir selbst umgehen, nicht lügen, nicht stehlen und niemandem absichtlich weh tun. Ich will mit dir leben und zu dir beten. Amen

**M3**   **Fenster zum Aufklappen: Ich erwarte Gott – was sieht Gott, wenn er zu mir kommt?**
Kopieren und vergrößern Sie die Motive auf weißes Papier und lassen Sie sie von den Kindern ausschneiden. Schneiden Sie die Fensteröffnungen mit einer spitzen Schere ein und klappen Sie diese nach außen. Kleben Sie Motiv B auf Motiv A. Lassen Sie die Kinder in die geöffneten Fenster malen: Was sieht Gott, wenn er zu mir kommt?

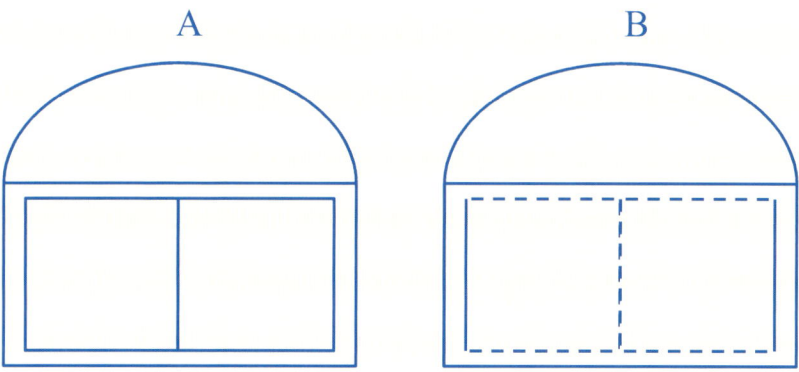

A                                        B

**M4**   **Die Eltern erwarten**
Laden Sie die Eltern im Anschluss an die kreative Phase ein. Erzählen Sie das Gleichnis und singen Sie das Lied. Machen Sie eine Spielrunde mit dem Thema: „Wenn du zu mir kommst, dann erwartet/erwarten dich …" (z.B. selbst gebackene Plätzchen, eine Vorlesestunde o.Ä.) Jeder wiederholt vor seinem Vorschlag die Aufzählung der Vorgänger, so dass eine lange „Erwartungskette" entsteht (gut für größere Kinder, schult das Gedächtnis!).

**M1  Eingangsgebet**

Guter Gott, ich feiere gern: meinen Geburtstag zum Beispiel. Da lade ich mir meine Freunde ein und bekomme schöne Geschenke. Ich freue mich auch, wenn ich eingeladen werde. Da essen, trinken und spielen wir miteinander. Ich danke dir, dass ich feiern darf. Amen

**M2  Schlussgebet**

Guter Gott, du lädst mich ein, das Leben zu feiern. Das Leben ist schön, denn ich bin nicht allein. Ich habe Familie, Freunde und dich. Und wenn ich einmal gestorben bin, dann darf ich bei dir leben. Irgendwann kommst du und holst mich zu dir. Ich will auf dich warten. Amen

**M3  Klebebild Brautpaar/Festgäste**

Sammeln Sie Kataloge von Versandhäusern (Eltern fragen!), kaufen Sie evtl. zusätzlich noch eine Hochzeitszeitschrift im Zeitschriftenhandel. Lassen Sie die Kinder darin Brautpaare und festlich gekleidete Menschen suchen, ausschneiden und aufkleben. Lassen Sie die Kinder auch das passende Zubehör und Geschenk-Vorschläge ausschneiden und aufkleben.

**M4  Wir tanzen den Hochzeitstanz**

Ein Kind darf die Braut bzw. der Bräutigam sein. Wenn vorhanden, wird die Braut mit einem Schleier geschmückt, ansonsten bekommt sie ein buntes Tuch um die Hüften gewunden. Der Bräutigam bekommt einen Hut/Zylinder aufgesetzt.

Die anderen Kinder stehen im Kreis um sie/ihn herum und singen gemeinsam das Lied: „Ich lade dich ganz herzlich ein" (MKL 140, 1. Str.). Folgende Bewegungen werden dabei gemacht:

1. „Ich lade dich ganz herzlich ein." – Die Hände bilden ein Dach über dem Kind in der Mitte.
2. „Komm doch zu mir herein!" – Die Hände winken heran.
3. „Ich werde mich ganz sicher freun …" – Einmal um die eigene Achse drehen.
4. „ … und wir sind nicht allein." – Die Kinder geben sich die Hände.

**M1    Eingangsgebet**

Guter Gott, ich bin reich, nicht, weil ich viel Geld habe oder sonst viel besitze. Ich bin reich, weil ich viele Freunde und viele Begabungen habe. Danke für meine Freunde und danke für meine Begabungen. Amen

**M2    Schlussgebet**

Guter Gott, du hast mir Ohren gegeben, damit ich zuhören kann, wenn mir jemand von seinen Sorgen erzählt. Du hast mir Augen gegeben, damit ich sehen kann, wenn jemand in Not ist oder einem Menschen Unrecht getan wird. Du hast mir Füße gegeben, damit ich auf jemanden zugehen kann, der einsam ist. Du hast mir Hände gegeben, damit ich zufassen und helfen kann. Ich habe viele Talente, die ich benutzen soll. Ich will es tun. Amen

**M3    Farbdruck Hände und Füße**

Sie brauchen weißes Papier und Wasserfarbe.

Lassen Sie die Kinder ihre rechte oder linke Hand mit bunter Wasserfarbe anmalen und auf weißes Papier drucken. Die Farbe muss richtig nass sein! Wenn Kinder Spaß daran haben, können sie sich auch einen Fuß anmalen (lassen). Nachdem die Farbe abgewaschen ist, können sie darunter aufschreiben oder aufmalen, welche Begabungen sie haben. Als Überschrift über dem Bild könnte stehen: Gott schenkt mir viele Talente!

**M4    Geschicklichkeitsspiele: „Das kann ich gut …"**

1. *Münzen in Pappteller werfen:* Sechs nummerierte Pappteller hintereinander auf einen Tisch stellen. In der ersten Runde müssen alle Kinder eine Münze in den ersten Teller werfen, in der zweiten Runde in den zweiten Teller usw.

2. *Eierlaufen:* Je zwei Kinder laufen mit einem Löffel, auf dem ein ausgeblasenes Ei liegt, um die Wette. Wer zuerst ankommt, ohne sein Ei zu verlieren, hat gewonnen.

3. *Mikado:* Eine Hand voll Mikado- oder Schaschlikstäbe aufstellen und locker fallen lassen. Abwechselnd heben die Kinder Stäbchen für Stäbchen von dem Stapel ab. Jeder darf so lange aufsammeln, bis sich ein Stäbchen bewegt. Dann ist der Nächste dran. Wer die meisten Stäbchen aufgesammelt hat, hat gewonnen.

**M1    Eingangsgebet**

Guter Gott, ich freue mich, wenn es auf den Feldern, in den Gärten, auf den Bäumen und an den Sträuchern wächst; Getreide, Gemüse und Früchte brauchen wir zum Leben. Die Samenkörner fallen in die Erde und du lässt aus ihnen nützliche und schöne Pflanzen wachsen, danke dafür. Amen

**M2    Schlussgebet**

Guter Gott, ich möchte wie ein Samenkorn sein, das wächst und Frucht bringt. Ich möchte groß und stark werden. Ich möchte zu dir gehören, wie ein Samenkorn zu seiner Frucht gehört. Die anderen Menschen sollen sehen, dass ich zu dir gehöre. Amen

**M3    Ein Bild mit verschiedenen Samenkörnern gestalten**

Jedes Kind bekommt ein Stück feste Pappe und Knetgummi in beliebiger Farbe. Das Knetgummi wird auf der Pappe breit gedrückt. In die Knete hinein werden nun verschiedenste Samenkörner gedrückt (Sonnenblumenkerne, Kürbiskerne, Senfsaat, Leinsamen, Melonenkerne, Apfelkerne – was die Jahreszeit hergibt). Dabei können anschauliche Bilder entstehen, aber auch nur zufällige Motive, je nach Alter und Begabung der Kinder.

**M4    Wir feiern ein Erntefest**

*Bringen Sie* verschiedenes Obst mit: Deutsches Obst, Obst der Saison, Obst aus verschiedenen Ländern, selbst geerntetes oder gekauftes Obst. Lassen Sie die Kinder an den Früchten riechen, fühlen und dann auch schmecken. Lassen Sie die Kinder das mit offenen, aber auch geschlossenen (verbundenen) Augen tun. Lassen Sie die Kinder die Samenkörner in den Früchten entdecken und beschreiben.
*Pflanzen Sie* mit ihnen einige der Samenkörner ein.
*Besuchen Sie* einen Obstgarten/Obstbauern in Ihrer Nähe.

**M1    Eingangsgebet**
Guter Gott, du bist ein Gott für die Großen und die Kleinen, die Kurzen und die Langen, die Dicken und die Dünnen, die Dummen und die Schlauen, die Starken und die Schwachen. Du bist ein Gott auch für mich, ich danke dir dafür. Amen

**M2    Schlussgebet**
Du möchtest, dass wir anderen Menschen von dir erzählen: Wir sollen erzählen, dass du die Welt gemacht hast, die Tiere, die Pflanzen und die Menschen. Wir sollen erzählen, dass du uns Menschen liebst und uns helfen willst. Wir wollen von dir erzählen, damit dein Reich bei uns wächst. Amen

**M3    Wir machen Senf!**
3 Tl Senfmehl (aus dem Reformhaus) mit 3 Tl Wasser, 2 Tl Weinessig, 1 Tl Zucker und 1 Prise Salz verrühren.
Dieser Senf ist sehr, sehr scharf !!! Lassen Sie die Kinder nur daran riechen. Zum anschließenden Würstchenessen bieten Sie den Kindern ganz milden, *gekauften* Senf an!

**M4    Wiener Würstchen mit Senf essen**
Wortspiele machen: „Aus klein mach groß"
1. Zuerst nennt ein Kind ein kleines Tier, dann ein anderes Kind ein großes Tier (z.B. Maus – Schaf) usw.
2. Zuerst nennt ein Kind eine kleine Pflanze, dann ein anderes Kind eine große Pflanze (z.B. Erdbeerpflanze – Pflaumenbaum) usw.
3. Zuerst nennt ein Kind eine kleine Frucht, dann ein anderes Kind eine große Frucht (z.B. Heidelbeere – Ananas) usw.
   Dabei zeigen die Kinder mit ihren Händen, was klein und was groß ist (klein = über dem Boden, groß = über den Kopf).

*Alternativ:* Ein Kind mit Garten besuchen und mit den Eltern entdecken, was darin wächst bzw. gesät ist.

**M1    Eingangsgebet**

Guter Gott, ich danke dir, dass du mir ganz nahe bist. Manchmal schaue ich in den Himmel und versuche, dich zu entdecken. Aber du lässt dich nicht von mir finden. Trotzdem bist du da und begleitest mich in meinem Leben. Ich bin sehr froh darüber. Amen.

**M2    Schlussgebet**

Es gibt viele Menschen, die für mich da sind und mir helfen. Und manchmal hilft mir sogar einer, von dem ich es gar nicht erwartet habe oder den ich gar nicht richtig kenne. Du willst aber auch, dass ich einem anderen helfe, dass ich ihm zum Nächsten werde. Bitte hilf mir, dass ich das schaffe. Amen

**M3    Kopiervorlage: „Das bin ich und das ist mein Nächster!"**

Kopieren und vergrößern Sie die Vorlage auf dünne Pappe. Die Figur wird bemalt, ausgeschnitten, an den Pfeilen geknickt und aufgestellt.

**M4    Wir beschenken einander: Heute bin ich dein Nächster!**

Die Kinder überlegen, was sie einem anderen aus der Gruppe schenken können, um ihm eine Freude zu machen und ihm zu zeigen, dass sie ihm *nah* sein wollen: ihm ein Kompliment machen; ihm ein Bild malen; mit ihm sein Lieblingsspiel spielen; ihm versprechen, bei den Hausaufgaben zu helfen oder das Kinderzimmer aufzuräumen. Die Gedanken werden aufgeschrieben, wenn möglich, noch in der Gruppenstunde in die Tat umgesetzt.

**M1 Eingangsgebet**

Guter Gott, ich habe so viele Wünsche. Und ich hätte gern, dass sie alle in Erfüllung gehen. Aber dann wüsste ich nicht mehr, was ich mir noch wünschen sollte. Bitte hilf mir, dass ich nicht ohne Wünsche leben muss. Amen

**M2 Schlussgebet**

Guter Gott, ich bitte dich, dass du auf alle Menschen aufpasst, die ich lieb habe: auf N.N. und …
Ich bitte dich, dass du mir immer zuhörst, wenn ich dir von meinen Sorgen, aber auch von dem, was mich fröhlich macht, erzähle. Amen

**M3 Fladenbrote basteln**

Zeichnen Sie ein Fladenbrot (Kreis mit welligen Außenkanten) auf ein weißes Papier in DIN A 4. Schreiben Sie hinein: „Ich wünsche mir/ich bitte …" Kopieren Sie für jedes Kind ein Brot auf beiges Papier oder dünne Pappe. Die Kinder schneiden ihr Brot aus.
Lassen Sie die Kinder den angefangenen Satz dazu vervollständigen. Die Kinder, die schon schreiben können, schreiben ihre Antwort selber in ihr Brot. Die Kinder malen ihr Brot bunt aus.

**M4 Fladenbrot backen und miteinander teilen**

*Blitzrezept Fladenbrot.* Aus 100g Mehl, 1 El Olivenöl, 1 Eigelb, 1 Prise Salz und 4–6 El Wasser einen Teig herstellen und auf Backpapier ausrollen. (Wenn er mit Mehl bestäubt wird, geht es leichter!).
Mit Olivenöl beträufeln, etwas Salz und 100g geriebenen Käse darüber streuen. Bei 180° ca. 17 min backen.

Beim Essen nehmen die Kinder sich nicht selbst, sondern essen nur das, was Nachbar oder Nachbarin ihnen geben. Dabei werden alle Wünsche und Bitten noch einmal vorgelesen.

*Schlusswort*: Guter Gott, gib mir nicht alles, was ich mir wünsche, aber alles, was ich brauche. Amen

**M1  Eingangsgebet**

Guter Gott, ich danke dir für mein Leben. Ich habe meine Familie und viele Freunde zum Spielen. Ich habe viele Spielsachen. Ich bin meistens gesund und fröhlich. Und doch bin ich manchmal unzufrieden, weil ich immer mehr haben will. Bitte hilf mir, dass ich zufrieden bin. Amen

**M2  Schlussgebet**

Guter Gott, bleibe bei den Menschen, denen in ihrem Leben immer alles gelingt und die fröhlich sind. Bleibe bei denen, die unglücklich sind und bei denen alles schief geht. Bleibe bei denen, die nicht genug zum Leben haben und die immerzu verlieren. Bleibe bei den Ängstlichen und den Unzufriedenen. Beschenke alle reich mit deiner Freundschaft. Amen

**M3  Mein (Geld-)Beutel: Was mich wirklich reich macht**

Kopieren und vergrößern Sie den Geldbeutel um 200%. Lassen Sie die Kinder hinschreiben oder malen, was sie wirklich reich macht. Der Beutel wird ausgeschnitten, in der Mitte umgeknickt und bunt gemalt. Binden Sie ihn mit einem Band locker zu.

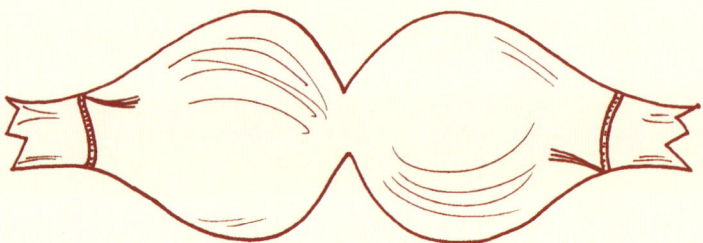

**M4  Mit Eltern und Geschwistern das Leben feiern**

Laden Sie zum gemeinsamen Abschluss ein. Lassen Sie Erwachsene und Kinder einander die Reichtümer ihres gemeinsamen Lebens aufzählen. Singen und spielen Sie miteinander.

**M1    Eingangsgebet**
Guter Gott, fröhlich bin ich aufgewacht,
du hast auf mich aufgepasst die ganze Nacht.
Ich bin sehr froh, dass es dich gibt
und wünsche mir, dass du mich liebst. Amen

**M2    Schlussgebet**
Guter Gott, du lädst mich ein. Ich darf mit dir das Leben feiern. Du
schenkst mir meine Familie und meine Freunde, ich bin nicht allein. Du
bist da und passt auf mich auf. Du möchtest, dass ich mit meiner Freude, aber auch mit meiner Traurigkeit zu dir komme. Ich bin sehr froh
darüber und will immer bei dir sein. Amen

**M3    Wir kleben das Feuer, auf dem der Ochse brät**
Lassen Sie die Kinder eine vergrößerte Kopie des Feuers mit ausgeris-
senen Transparentpapierstücken in Rot- und Gelbtönen bekleben.

**M4    Wir feiern das Leben miteinander und Gott in unserer Mitte**
1. Wir gehen nach draußen. Die Kinder zählen auf, was sie sehen,
   hören und riechen können.
2. Im Raum zählen die Kinder auf, worüber sie sich in ihrem Leben
   freuen: Eltern, Freunde, Spielzeug, Feste feiern, Urlaub etc.
3. Wir essen eine (Kinder-)Festspeise: Negerküsse o.Ä.

**M1    Eingangsgebet**
Guter Gott, manchmal verliere ich etwas und kann es nicht wiederfinden. Dann bin ich sehr traurig. Kannst du mir suchen helfen? Amen

**M2    Schlussgebet**
Guter Gott, viele Menschen fühlen sich verloren, weil sie sich streiten. Viele Menschen fühlen sich verloren, weil sie sehr krank sind und keine Hoffnung mehr haben. Viele Menschen fühlen sich verloren, weil sie keine Arbeit haben und Angst, nicht genug Geld zum Leben zu erhalten. Wir bitten dich, pass auf sie auf und gib ihnen neuen Mut, dass sie sich wieder freuen können. Amen

**M3    Bastelvorlage Susannas Öllampe**
Die Öllampe wird auf weiße Pappe kopiert (200% vergrößert) und ausgeschnitten. Die Kinder schneiden sich aus buntem Papier eine Flamme und kleben sie an den Docht.

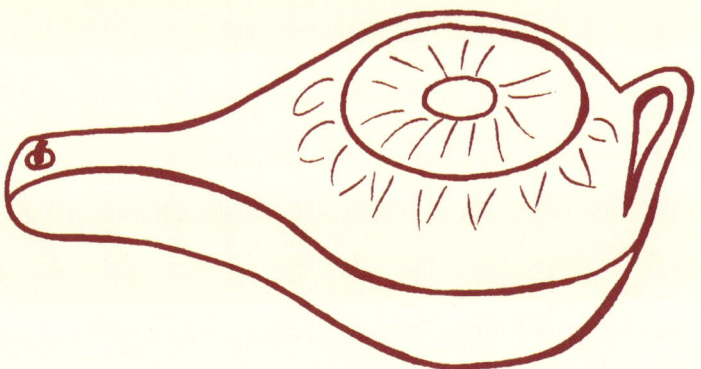

**M4    Susanna tanzt mit ihren Freundinnen den Freudentanz**
Die Kinder stellen sich im Kreis auf und fassen sich an den Händen. In der Mitte stehen die ausgeschnittenen Öllampen und eine echte Öllampe bzw. eine Kerze. Zum Lied: „Du verwandelst meine Trauer in Freude" gehen die Kinder folgende Schritte: 1. acht Schritte nach rechts, 2. vier in die Mitte, 3. vier zurück. Der jeweils letzte Schritt von 1.–3. wird herangezogen, so dass die Füße nebeneinander stehen. Beim zweitenmal tanzen die Kinder mit ihren Öllampen in der Hand, ohne sich an den Händen zu fassen. Ein Kind darf in der Mitte stehen und das Licht halten.

**M1 Eingangsgebet**

Guter Gott, ich danke dir, dass du wie ein guter Vater und wie eine gute Mutter zu mir bist. Ich kann dich nicht sehen, aber ich weiß, dass du nah bei mir bist. Darüber bin ich sehr froh. Amen

**M2 Schlussgebet**

Guter Gott, nicht alle Menschen können sich freuen: Sie sind traurig, weil sie allein leben oder weil jemand gestorben ist, den sie sehr lieb hatten. Sie sind traurig, weil sie sich gestritten und einen Freund verloren haben. Ich bitte dich für sie alle: Tröste sie und hilf ihnen, dass sie sich wieder freuen können – so wie der Vater und sein wiedergefundener Sohn. Amen

**M3 Bastelanleitung: Mobile aus Freudentränen**

Sie brauchen: weiße Pappe/Papier, Bindfaden, 1 Holzstäbchen (Schaschlikstab)

Zeichnen Sie auf ein weißes Papier (DIN A 4) drei verschieden große Tropfen (= Tränen). Kopieren Sie das Blatt auf dünne weiße Pappe. Lassen Sie die Kinder die Tropfen bunt anmalen und ausschneiden.

Schneiden Sie zwei längere (30 cm) und zwei kürzere (20 cm) Bindfäden. Ziehen Sie einen der längeren und die beiden kürzeren Fäden mit einer Nadel durch jede Träne.

Befestigen Sie die Träne, die am längeren Faden hängt, in der Mitte des Stäbchens und die Tränen, die an den beiden kürzeren Fäden hängen, an den Außenseiten. Den zweiten längeren Faden verknoten Sie in der Mitte. An ihm wird das Mobile aufgehängt.

**M4 Das Festmahl im Haus des Vaters**

Es wie der Vater und sein wiedergefundener Sohn machen: Auf dem Boden auf einer großen Tischdecke sitzen. Die Kinder schmücken sich mit bunten Krepppapierbändern. Wir teilen Fladenbrot und Traubensaft und erinnern uns noch einmal an die Geschichte. Singen und tanzen (siehe auch **M4** zum Gleichnis von der verlorenen Drachme, Lk 15,8–10).

**M1    Eingangsgebet**
Guter Gott, das Abgeben fällt mir oft schwer. Ich teile meine Süßigkeiten und Spielsachen nicht gern mit anderen. Bitte hilf mir, dass es mir leichter fällt. Amen

**M2    Schlussgebet**
Guter Gott, wir bitten dich für alle, die unglücklich und arm wie Lazarus sind. Schicke ihnen Menschen, die ihnen helfen und die abgeben und teilen können: von ihrer Zeit, ihrer Liebe, ihren Spielsachen, ihrem Geld. Amen

**M3    Malvorlage: Das Gewand des Lazarus**
Kopieren und vergrößern Sie (200%) die Vorlage auf dünne Pappe. Lassen Sie die Kinder das Gewand anmalen und/oder mit Deko-Glitzersteinen (Bastelbedarf) bekleben.

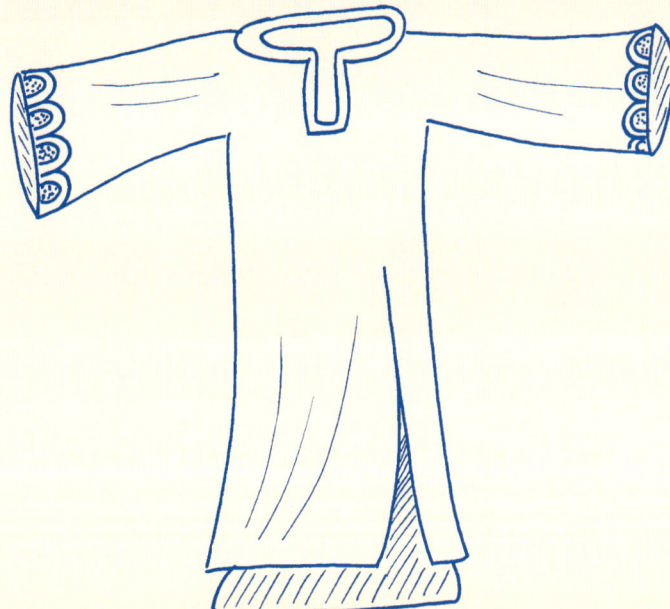

**M4    Spiele vom Teilen und Abgeben**
1. Aus einer Zeitschrift werden verschiedene Bilder ausgeschnitten und jeweils in der Mitte durchgeschnitten. Die Hälften werden vermischt. Können die Kinder die Bilder richtig zusammensetzen?
2. *Gummibärchen teilen.* Je zwei Kinder treten gegeneinander an und müssen einen Haufen von roten und gelben Gummibärchen (gleiche Anzahl) farblich sortieren. Aber: nicht mit den Fingern, sondern mit Ess-Stäbchen!
3. *Topfschlagen.* Aber: Unter dem Topf liegen zwei Preise. Der Finder muss teilen.

**M1**  **Eingangsgebet**
Guter Gott, ich falte meine Hände und bete zu dir. Was mich freut, was mich ängstigt, ich sage es dir. Du hörst mich im Dunkeln, du hörst mich bei Tag. Darum sag ich dir immer, wie gern ich dich mag. Amen

**M2**  **Schlussgebet**
Guter Gott, viele Menschen sind in Not. Bitte höre auf sie, wenn sie zu dir beten! Und wenn ich einem begegne, der meine Hilfe braucht, dann mach mich mutig, damit ich ihm helfe. Amen

**M3**  **Kopiervorlage: Hand mit Kindergebet**
Kopieren und vergrößern Sie das Motiv (200%). Die Kinder malen die Hand aus. Sie wird mit einem bunten Band zum Aufhängen versehen.

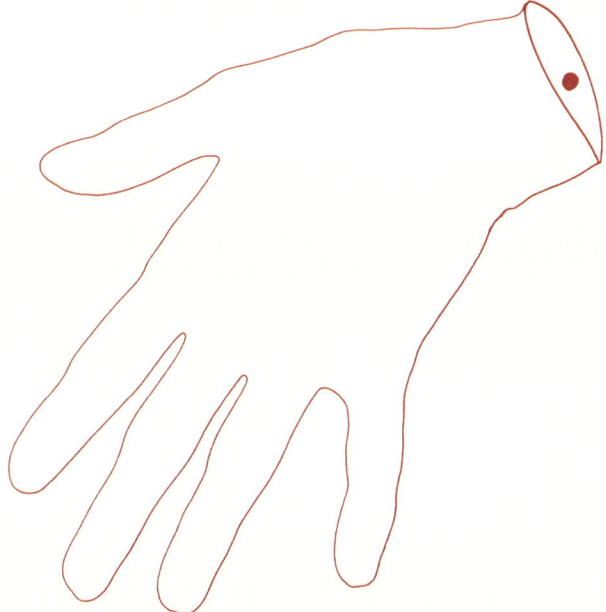

**M4**  **Wir feiern unsere Hände!**
1. *Taler, Taler, du musst wandern*
2. Ein Kind bekommt die Augen verbunden und muss erraten, zu welchem Kind welche Hand gehört (die Kinder müssen dabei still sein, damit sie nicht an der Stimme erkannt werden).
3. Verschiedene Handstellungen von den Kindern erraten lassen (beten, schlagen, streicheln, schreiben, kosten etc.).
4. Lied: Ich gebe dir die Hände (MKL 81)
5. Wir pflegen unsere Hände mit duftender Creme.

**M1    Eingangsgebet**
Guter Gott, ich weiß immer alles besser. Ich habe gern Recht und wenn ich Unrecht habe, gebe ich es ungern zu. Ich sage manchmal böse Sachen zu einem Kind, aber ich traue mich nicht, es um Entschuldigung zu bitten. Bitte hilf mir, es besser zu machen. Amen

**M2    Schlussgebet**
So wie ich bin, komme ich zu dir, Gott. Mit dem, was ich kann und dem, was ich nicht kann. Mit dem, was ich richtig mache und dem, was ich falsch mache. Du magst mich mit meinen guten Seiten und erträgst mich auch mit meinen schlechten. Ich bin sehr froh, dass du mein Freund bist. Amen

**M3    Figuren knicken: Pharisäer – Zöllner**
Wie haben wohl der Pharisäer und der Zöllner ausgesehen?
Jedes Kind bekommt ein Blatt Papier und beginnt am unteren Rand, ein Paar Füße zu malen. Der gemalte Teil wird geknickt, so dass er nicht mehr zu sehen ist. Das Papier wird an das linke Nachbarkind weitergegeben. Nun malen alle die Beine. Das Papier wird wieder genickt und weitergegeben. Die Kinder malen nacheinander Hüfte, Bauch, Schultern, Hals und Kopf. Die Papiere werden auseinander gefaltet. Herzlich willkommen, Levi und Taddäus …

**M4    Ein Spiel Pharisäer gegen Zöllner**
Alle Kinder stellen sich in einer Reihe auf. Sie sind die Zöllner. Einer ist der Pharisäer und stellt sich 10 bis 15 Meter entfernt vor die anderen Kinder. Er ruft: „Ich habe noch nie etwas falsch gemacht – und ihr?" Die Zöllner-Kinder rufen: „Wir schon!" Das Pharisäer-Kind ruft: „Wer noch nie (z.B.) jemanden umgebracht hat, darf einen Schritt (oder mehrere) auf mich zu machen!" Alle Kinder gehen einen Schritt nach vorne. Die weiteren Fragen können lauten: Wer noch nie gelogen hat, ein anderes Kind geärgert hat, ein anderes Kind geschlagen hat, Süßigkeiten gestohlen hat etc. Wenn die Fragen ausgehen, wird mit Farben weiter gespielt: „Wer etwas Gelbes anhat, darf einen (oder mehrere) Schritte nach vorne gehen" usw.

# Lieder

## Wunder

T + M: Holger Sbrzesny
(C) 02/2004

1. Manchmal bin ich wie blind, will nichts sehen, nicht die Farben der Blu- men im Feld,

nicht das freundliche Lä- cheln der Menschen, nicht das son-ni-ge Licht in der Welt,

Manchmal bin ich wie blind, will nichts sehen, nicht die Farben der Blu- men im Feld,

nicht das freundliche Lä- cheln der Menschen, nicht das sonnige Licht in der Welt,

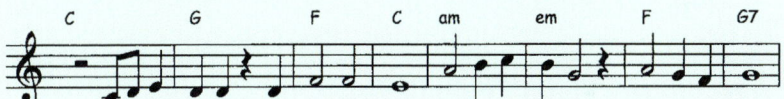

Doch dann kommst Du, Gott, wie wun- der- bar, gibst neue Hoffnung, wo kei-ne war.

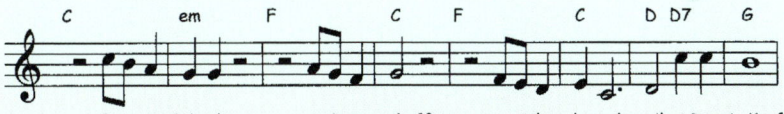

Es ist ein Wunder, wie Du es schaffst, wenn ich es brauche, gibst Du mir Kraft.

Wunder geschehen in meinem Leben. Gib mir Vertrauen, dass Du mich liebst.

2. Manchmal bin ich wie taub, will nichts hören, nicht vom Nächsten das tröstende Wort,
   nicht das Lachen der Kinder beim Spielen, nicht den Klang von Musik und Gesang. (2x)

3. Manchmal bin ich gelähmt, kann nicht gehen, nicht zum Frieden den ersten Schritt,
   schaff' es nicht, meine Arme zu heben, um den Freund zu umarmen in Not. (2x)

# Was er euch sagt, das tut

T + M: Holger Sbrzesny
(C) 07/2001
zu Joh 2,5

① Was er euch sagt, das tut! Amen, halle-lu-ja, hal-le-lu-ja.

② Was er euch sagt, - das tut! Amen, halle-lu-ja.

# Wenn du eine Perle findest

T + M: Holger Sbrzesny
(C) 02/2004
zu Mt 13, 45f

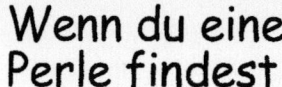

Wenn du ei-ne Per-le findest, kost-bar und schön,

dann lass sie nicht ver-lo-ren geh'n.

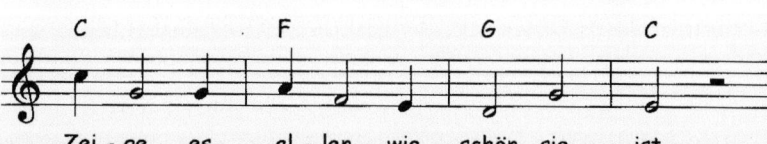

Zei-ge es al-len, wie schön sie ist,

wert-voll wie dein Glau-be an Je-sus Christ.

# Es lohnt sich, Gott zu lieben

T + M: Holger Sbrzesny
(C) 01/2004
zu Mk 4, 3-8; 13-20

1. Es lohnt sich, Gott zu lieben, der die Pflanzen wachsen lässt.

1. Es lohnt sich, Gott zu lie-ben, der die Vö-gel flie-gen lässt.

Es lohnt sich, Gott zu lie-ben, der die Son-ne scheinen lässt.

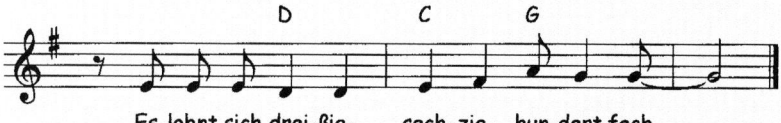

Es lohnt sich drei-ßig-, sech-zig-, hun-dert-fach.

2. Es lohnt sich, Gott zu lieben, der den Regen fallen lässt.

   der den Acker fruchtbar macht.

   der die Früchte reifen lässt.

Es lohnt sich dreißig-, sechzig-, hundertfach.

3. Es lohnt sich, Gott zu lieben, der sein Wort uns Menschen schenkt.

   der dem Glauben Wurzeln gibt.

   der uns stark macht und beschützt.

Es lohnt sich dreißig-, sechzig-, hundertfach.

# Bau dein Haus auf festen Grund

T + M: Holger Sbrzesny
(C) 02/2004
zu Mt 7, 24-29

① C — F — G — C

Bau dein Haus auf fes-ten Grund, nicht auf Sand.

② C — F — G — C

So hält es Wind und Re-gen stand.

③ C — F — G — C

Stark sei dein Glau-be wie das Haus.

④ C — F — G — C

Dann hältst du vie-les aus.

# Angst - Mut

T + M: Holger Sbrzesny
(C) 02/2004
zu Mt 14, 22-33

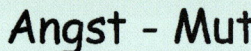

Teil I — dm(9) — C(9) — F(7+) — G(9) A A/Cis

Angst, ich ha-be Angst! Mir steht das Wasser bis zum Hals.

Teil II — dm — C — F G — A A/Cis

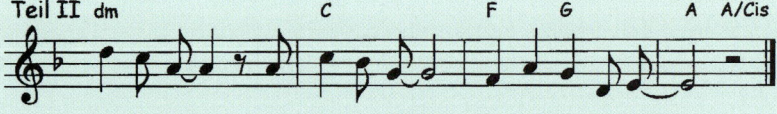

Ha-be Mut, ver-trau-e Gott! Wag' den ers-ten Schritt.

**Ausführung:**

Zuerst wiederholen alle zusammen immer wieder nur Teil I.
Dann singen einzelne dazu Teil II (z. B. beginnend mit dem Vorsänger,
der nach und nach andere berührt und zum Mitsingen einlädt),
bis zum Schluss alle nur noch Teil II singen.

Das Lied kann auch durch Bewegungen unterstützt werden: Alle laufen im
Raum umher - zunächst ängstlich, dann immer zuversichtlicher, befreiter.

126

# Wunder und Gleichnisse mit Kindern erleben – Vorschlag einer Ordnung

## A. Zusammenkommen und Beten

**Ankommen**
Die Kinder erwarten und mit ihnen einen Altar vorbereiten.
(Auf einem Tisch oder in der Mitte auf dem Fußboden. Mit einem schönen Tuch, einem Kreuz, Kerzen und Blumen.)

**Begrüßung**
Neue Kinder begrüßen.
Ins Thema einführen.

**Lied**
Kommt alle her, hali halo (MKL 146)

**Kerzenritus**
Die drei Kerzen auf unserem Altar erinnern uns daran, dass wir nicht in unserem eigenen Namen und zu unserem eigenen Lob hier zusammen sind:

Wir zünden die erste Kerze an für
*Gott den Vater*,
denn er schenkt uns das Leben und zu ihm kehrt es auch wieder zurück.

Wir zünden die zweite Kerze an für
*seinen Sohn Jesus Christus*,
denn er hat uns mit seinem ganzen Leben gezeigt, wie wir miteinander umgehen sollen.

Wir zünden die dritte Kerze an für
*den Heiligen Geist*,
denn er schenkt uns Kraft und Mut für jeden neuen Tag.

So feiern wir unser Zusammensein im Namen Gottes des Vaters und des Sohnes und des Heiligen Geistes. Amen

**Eingangsgebet / Lied**

## B. Hören und Antworten

**Miteinander reden / Lied / Miteinander kreativ sein**

## C. Miteinander feiern

## D. Bitten und Segnen

**Schlussgebet**

**Segen**
Der Herr sei vor dir und leite dich,
Der Herr sei neben dir und begleite dich,
Der Herr sei hinter dir und schütze dich,
Der Herr sei unter dir und trage dich,
Der Herr sei über dir und öffne dich,
Der Herr sei in dir und schenke dir ein fröhliches Herz.

**Lied / Verabschiedung**

# Kinder glauben praktisch

Praxisnahe Arbeitsbücher zur christlichen Elementarerziehung in Kindergarten, Vor- und Grundschule, Gemeinde und Familie. Alle Bände mit zahlreichen vierfarbigen Abbildungen.

1: Caroline Platteau / Marianne Riecke
**Ich hüpf über die Schwelle**
2003. 128 Seiten, kartoniert
ISBN 3-525-61531-0

2: Antje Maurer
**Hör mal, Gott!**
Mit Glück und Angst zu Gott kommen
2003. 128 Seiten, kartoniert
ISBN 3-525-61530-2

3: Werner Milstein / Kadia Oedekoven
**Kommt, wir feiern!**
Mit neuen Ideen gemeinsam feiern
2003. 128 Seiten, kartoniert
ISBN 3-525-61530-2

4: Jürgen Melchert /
Susanne Lamkemeier
**Du und ich, lieber Gott**
Beten mit Kindern
2003. 104 Seiten, kartoniert
ISBN 3-525-61532-9

5: Antje Maurer
**Ich hör dich, Jesus!**
Wunder und Gleichnisse für Kinder
2004. 127 Seiten, kartoniert
ISBN 3-525-61535-3

6: Barbara Gleitz
**Erde, Himmel, Gott und ich**
Philosophieren mit Kindern
2004. Ca. 128 Seiten, kartoniert
ISBN 3-525-61536-1

7: Werner Milstein / Kadia Oedekoven
**Und wie geht es Jakob?**
Menschen der Bibel begegnen
2004. Ca. 128 Seiten, kartoniert
ISBN 3-525-61537-X

8: Angelika Hüffell /
Thomas Hirsch-Hüffell
**Gott macht aus Nichts eine Welt**
Schöpfungstage mit Kindern erleben
2004. Ca. 128 Seiten, kartoniert
ISBN 3-525-61538-8

Rolf Krenzer /
Robert Haas
**Kommt, wir feiern!**
Mit 16 Kinderliedern durch das Jahr
2003. Musik-CD mit 16 Liedern und 20 Seiten Booklet
ISBN 3-525-61534-5

16 neue Lieder zum Feiern im Kirchenjahr und im Kindergartenjahr.

# V&R
Vandenhoeck
& Ruprecht